Historia de China

500 datos interesantes sobre China

Índice

Introducción

Durante generaciones, **la historia de China ha sido una historia llena de éxitos y luchas. Desde la China preimperial hasta la República Popular China**, la civilización china ha experimentado logros asombrosos y graves desafíos.

Este libro ofrece una visión general de los periodos más destacados de la historia china, desde **la dinastía Qin** hasta **la Política de Puertas Abiertas de China**. En cada capítulo exploraremos el panorama cultural y político de China a través de dinastías como **la Han** y **la Song del sur** y de acontecimientos tumultuosos como **las guerras del Opio** y **la Rebelión Taiping**.

También examinaremos algunos de los **momentos cruciales de la historia moderna de China**, como el intento de **Yuan Shikai** de restablecer el dominio imperial, **la guerra civil China, la Revolución Cultural, las protestas de la Plaza de Tiananmen** y el ascenso de China como superpotencia. A lo largo de este libro, examinaremos de cerca hitos notables y pequeños detalles que permiten comprender cómo estos periodos dieron forma a la cultura moderna.

Al leer sobre historia, comprendemos mejor las culturas y los acontecimientos modernos. **Se trata de una aventura por el pasado** que no sólo nos iluminará, sino que también cautivará nuestra imaginación y nos dejará con ganas de explorar más.

La China preimperial

(2000-221 a. C.)

Este capítulo explora la fascinante historia de la China preimperial con treinta datos interesantes. Con esta visión de la sociedad china preimperial, podremos apreciar mejor su sofisticación y resistencia durante esta época de la historia.

1. **La China preimperial** duró desde aproximadamente el año 2000 a. C. hasta el 221 a. C.

2. Durante esta época, **el pueblo chino hablaba muchas lenguas diferentes** y seguía costumbres distintas, dependiendo del lugar de China en el que vivieran.

3. El grupo dominante durante la época preimperial fue **la dinastía Zhou** (1046-256 a. C.).

4. **Los chinos desarrollaron complejos sistemas de gobierno**, leyes y escritura que perduraron durante siglos tras el fin del periodo preimperial.

5. **La sociedad china preimperial estaba dividida en clases basadas en la riqueza,** el poder y la ascendencia.

6. **Los agricultores proporcionaban alimentos para alimentar a todo el mundo.** El mijo era uno de los cultivos más importantes de la antigua China.

7. **La gestión** eficaz **de los recursos hídricos se convirtió en parte integrante de la vida cotidiana** debido a las frecuentes crecidas de los ríos cercanos. Con la ayuda de ricos terratenientes, que a menudo poseían grandes extensiones de tierra junto a los ríos, **los chinos** pudieron construir sistemas de regadío.

8. **Confucio fue un famoso filósofo chino** que vivió en la época preimperial. Sus enseñanzas sobre moralidad, justicia y respeto ejercieron una gran influencia en la China imperial. Todavía hoy siguen conformando en gran medida a la sociedad china.

9. Durante este periodo surgieron **algunas de las primeras formas de artes marciales**. Probablemente se remontan a **la dinastía Xia, hace unos cuatro mil años**, y el uso principal de las artes marciales era la defensa personal y la caza.

10. **La Ruta de la seda era una ruta comercial terrestre que conectaba Asia con Europa.** Tenía múltiples rutas que iban desde China hasta Occidente, pasando por Asia central. Aunque se han descubierto pruebas de comercio **a través de la Ruta** de la seda durante la época preimperial en varias partes de Eurasia, la ruta comercial se volvería mucho más importante en el siglo II a. C.

11. **La escritura china más antigua data de la era preimperial.** Se ha encontrado una escritura pictográfica conocida como *jiaguwen* **en huesos de animales y caparazones de tortuga** que se remonta aproximadamente al año 1200 a. C.

12. Los objetos de **las primeras tumbas de la Edad de Bronce revelan que la gente conocía la astronomía y las matemáticas.** Los arqueólogos han descubierto cajas de laca con nombres de decenas de casas lunares (divisiones del cielo), que datan del siglo V a. C.

13. **La construcción de las murallas que más tarde se unirían para formar la Gran Muralla comenzó en el siglo VII a. C.** Las murallas estaban destinadas a defender las tierras chinas de los invasores del norte. Se construyeron parcialmente con piedra, madera y tierra apisonada.

14. **A lo largo de los siglos se fueron añadiendo diferentes secciones a la Gran Muralla.** Las secciones finales de la muralla se completaron durante **la dinastía Ming** (1368-1644 d. C.), ¡lo que significa que se tardó más de dos mil años en terminar **la Gran Muralla!**

15. **Los chinos inventaron brújulas primitivas alrededor del siglo IV a. C.** Estas brújulas no se utilizaban para encontrar el camino hacia el norte. **Se utilizaban para encontrar la dirección correcta en la vida. Estas brújulas se utilizaban en rituales, prácticas de feng shui y adivinación.**

16. **Las escuelas filosóficas** de pensamiento como **el daoísmo, el confucianismo y el moísmo** influyeron mucho en la China preimperial.

17. **Los antiguos chinos creían en el culto a los antepasados.** Honraban a sus antepasados con ofrendas de comida o incienso colocadas en altares.

18. **Las vasijas y armas de bronce eran comunes en la época preimperial.** Estos objetos a menudo tenían intrincados diseños grabados.

19. **Las primeras monedas desarrolladas en Asia oriental proceden de la dinastía Zhou** (1046-256 a. C.). Sin embargo, no existía un sistema monetario desarrollado y las monedas no se parecían a las que usamos hoy en día. En su lugar, se utilizaban con frecuencia objetos encontrados en la naturaleza, como conchas de cauri.

20. **Un descubrimiento interesante que data de la China preimperial son los huesos de oráculo.** Los huesos llevaban inscritas preguntas importantes sobre el clima o las batallas y luego se calentaban hasta que producían grietas. Los patrones proporcionados por las grietas eran entonces interpretados por oráculos.

21. **El consumo de té se popularizó en algunas zonas de China durante la dinastía Zhou. Aunque al principio se utilizaba con fines medicinales,** la nobleza empezó a tomar el té como una actividad de lujo.

22. **Los antiguos chinos desarrollaron algunas de las primeras formas de alfarería y cerámica.** Utilizaban estos objetos para cocinar, almacenar y enterrar.

23. **La medicina tradicional china se practica desde la época preimperial.** Los curanderos utilizaban hierbas y técnicas de acupuntura para tratar enfermedades.

24. **Se cree que la dinastía Xia, semimítica, existió entre 2000 y 1600 a. C. y se considera una de las primeras** (si no la primera) **dinastías gobernantes de la antigua China.** Comúnmente se sostiene que el primer gobernante Xia, de nombre Yu, fue el primero en obtener el derecho divino a gobernar, también conocido como el mandato del cielo.

25. **La China preimperial experimentó un avance excepcional en la metalurgia.** Las herramientas y armas de hierro fueron sustituyendo poco a poco al bronce hacia finales del siglo VI a. C. en el valle del Yangtse. El hierro se convertiría en el metal preferido hacia el 300 a. C.

26. **Quizá la obra literaria más famosa de la época preimperial sea** *El arte de la guerra*, del estratega militar Sun Tzu. El libro fue escrito en el siglo V a. C. y sigue siendo un popular tratado militar.

27. Otros clásicos, como el *I Ching* (Libro de los cambios) **de finales del siglo IX a. C. y el** *Tao Te Ching* (Libro de la vía) **del siglo V a. C.**, también fueron compuestos durante esta época.

28. **Una de las ideas más fundamentales de la antigua cultura china es el yin y el yang, un concepto que afirma que todo tiene dos lados opuestos pero interconectados.** Aunque estos términos no se utilizaban en la época preimperial, hay pruebas de que la idea del yin y el yang estaba empezando a formarse.

29. **La época preimperial fue testigo de las primeras iteraciones de los calendarios chinos.** Los antiguos chinos utilizaban calendarios solares. **Durante la dinastía Zhou, los chinos utilizaron un calendario lunisolar.**

30. **En la China preimperial se produjeron avances excepcionales en matemáticas.** Desarrollaron las matemáticas de forma independiente (es decir, sin influencia de otras civilizaciones) durante el siglo XI a. C.

Dinastía Qin

(221-206 a. C.)

Descubra la fascinante historia de la dinastía Qin, la primera dinastía imperial de China. Descubriremos cómo **el emperador Qin Shi Huang creó un imperio chino unificado** con estos diez datos asombrosos.

31. **La dinastía Qin fue la primera dinastía de la era imperial china.** Duró del 221 al 206 a. C.

32. **El emperador Qin Shi Huang conquistó los seis estados guerreros Zhou,** unificándolos en un solo país con un solo gobierno.

33. **También es conocido por unir las murallas ya existentes en la Gran Muralla china** para proteger su reino de los invasores.

34. **Durante la dinastía Qin,** la tecnología avanzó considerablemente. Las ballestas se utilizaban más a menudo en la guerra y los arados de hierro ayudaban a los agricultores a cultivar con mayor eficacia.

35. Quizá haya oído hablar del **Ejército de Terracota. Se construyó para «custodiar» la tumba del emperador Qin Shi Huang**. Está formado por más de ocho mil soldados de arcilla de tamaño natural. Todos estos soldados fueron enterrados junto al emperador en un complejo subterráneo secreto cerca de la ciudad de Xi'an, en el centro de China.

36. En su apogeo, **la población de la dinastía Qin contaba con decenas de millones de personas bajo su dominio.**

37. **El emperador Qin Shi Huang creó un sistema estandarizado para el dinero y los pesos y medidas,** que unificó la economía de China.

38. **Durante su reinado se quemó y destruyó un gran número de libros.** El emperador quería disuadir a la gente de aprender sobre diferentes ideas o enseñanzas que él desaprobaba, **como el confucianismo.** ¡Incluso enterró vivos a cientos de eruditos confucianos!

39. **Durante este periodo se estableció el código legal chino** que se utilizaría durante cientos de años en el futuro; se centraba principalmente en valores como la piedad filial (respetar a los padres).

40. **Esta dinastía sólo duró quince años, pero no se puede negar su impacto cultural**. El Imperio Qin estandarizó la escritura, amplió las carreteras y creó un mejor sistema postal.

Dinastía Han
(202 a. C.- 220 d. C.)

Explore **la fascinante historia de la dinastía Han.** Descubra **cómo el confucianismo se convirtió en ideología oficial durante este periodo** y qué impacto tuvo en la sociedad china. Explore también el intercambio cultural que tuvo lugar gracias a **la Ruta de la seda**. ¡Le sorprenderá saber con qué se comerciaba!

41. **La dinastía Han fue la segunda dinastía imperial de China** y duró desde 202 a. C. hasta 220 d. C.

42. **Liu Bang, más conocido como el emperador Gaozu, fundó la dinastía** después de derrotar a su rival, Xiang Yu, el líder de las fuerzas rebeldes que derrocaron a la dinastía Qin, en el 202 a. C.

43. **La cultura china floreció con avances en la literatura, el arte, la música y la tecnología.** Por ejemplo, en 132 a. C., los chinos inventaron una forma primitiva de sismógrafo para detectar terremotos.

44. **El confucianismo**, que ayudó a configurar las políticas gubernamentales y los valores sociales en toda Asia oriental, **se convirtió en la ideología oficial del Estado**.

45. **Chang'an** (actual Xi'an) **fue la capital de la dinastía Han** durante los primeros doscientos años aproximadamente.

46. **El comercio entre China y otros países aumentó significativamente durante este periodo** debido a la mejora de las redes de transporte, como canales o carreteras.

47. **Se establecieron oficialmente las rutas comerciales de la Ruta de la seda, que conectaban China con Asia central, India, Oriente Próximo y Europa.** Estas rutas fueron utilizadas durante siglos por mercaderes que viajaban entre países con mercancías como seda, especias y té.

48. **La dinastía Han se dividió en dos periodos: Han occidental** (202 a. C.-9 d. C.) y Han oriental (25-220 d. C.).

49. **El emperador Wu de la dinastía Han occidental está considerado uno de los más grandes gobernantes de China.** Expandió las fronteras para incluir partes de Asia central, Corea y Vietnam.

50. **Se estableció un sistema de exámenes de servicio civil** para permitir que personas de todas las clases sociales se convirtieran en funcionarios del gobierno basándose en sus conocimientos y no en sus derechos de nacimiento o riqueza.

51. **El sistema monetario, que había sido profundamente desarrollado durante la dinastía Qin, avanzó aún más.** Se añadieron nuevas monedas para facilitar las transacciones.

52. **Se cree que la primera brújula china se inventó durante la dinastía Han.** Originalmente llamada «**pez que apunta al sur**», no se utilizaba para la navegación, sino más bien para la adivinación y la elección de los lugares de construcción.

53. **El budismo llegó a China** durante el periodo **Han oriental, cuando se extendió desde la India a través de la Ruta de la seda.** Los comerciantes traían consigo las escrituras tras visitar tierras extranjeras como el Tíbet o Nepal. Se comerciaba con ideas y aspectos culturales tanto como con mercancías.

54. **En el siglo II, el emperador Wu envió a un diplomático llamado Zhang Qian a explorar Asia central** y establecer mejores rutas comerciales. Rápidamente se convertiría en uno de los viajeros más famosos.

55. **Zhang Qian también trajo conocimientos que ayudaron a mejorar la agricultura en China** y nuevos cultivos como la uva y la granada.

56. **Las clases sociales chinas sufrieron una interesante transformación durante el periodo Han.** Los agricultores ascendieron en importancia mientras que los mercaderes eran considerados una clase inferior.

57. **Gracias a la apertura de muchas nuevas rutas comerciales, se produjeron avances en la medicina china,** con médicos que utilizaban la acupuntura para las lesiones y el tratamiento de enfermedades de forma más parecida a como lo haríamos hoy en día.

58. **La Gran Muralla china se extendió más hacia el oeste** durante esta época para protegerse de las invasiones nómadas de tribus centroasiáticas como **los xiongnu o los hunos**, que amenazaban las fronteras de China.

59. **Las partes más memorables de la Gran Muralla se construyeron durante la dinastía Han.**

60. **La dinastía Han utilizó el sistema decimal** para contar y medir.

61. **¡Los Han también descubrieron las raíces cuadradas y cúbicas!**

62. Del 9 al 23 de la era cristiana, **la dinastía Han fue derrocada por la dinastía Xin.** Después de que la dinastía Han fuera restaurada en 25 d. C., el gobierno Han se llamó Han oriental.

63. La literatura china floreció, con autores como **el historiador Sima Qian y el historiador y poeta Ban Gu.** Sus obras siguen siendo leídas y estudiadas por la gente hoy en día.

64. **Zhang Heng, un famoso astrónomo chino,** observó alrededor de 2.500 estrellas y más de cien constelaciones.

65. **Los artesanos creaban hermosas piezas de cerámica decoradas** con intrincados diseños utilizando esmaltes hechos con minerales encontrados en las laderas de las montañas o en los ríos cercanos.

66. A pesar del estatus social relativamente bajo de los comerciantes, **la clase mercantil consiguió aumentar su riqueza gracias a la gran cantidad de nuevas rutas comerciales.**

67. **En esta época se inventó la fabricación de papel.** Probablemente se fabricaba utilizando fibras de corteza de morera, cáñamo y trapos. La invención del papel revolucionó la comunicación.

68. **Se atribuye a la dinastía Han la invención de los fuegos artificiales,** aunque su diseño difería mucho de las iteraciones posteriores de los fuegos artificiales con pólvora. La gente simplemente calentaba palos de bambú hasta que chisporroteaban y hacían explotar el aire de su interior. Por esta razón, se **les llamaba** *baozhu* o «bambú explosivo».

69. **El emperador Wu creó una universidad imperial donde los alumnos podían estudiar confucianismo,** literatura y otros temas para convertirse en funcionarios instruidos y ocupar cargos en el gobierno.

70. **La dinastía Han empezó a declinar tras la muerte del emperador Ling en 189 d. C.** La inestabilidad creada tras la muerte del emperador acabó provocando el colapso de la dinastía tras unos treinta años de luchas internas.

Periodo de los Tres Reinos

(220-280 d. C.)

Descubra cómo los diferentes reinos lucharon por el control de China y conozca algunas de las figuras legendarias de esta época, como **Cao Cao, Liu Bei y Sun Quan**. ¡Nuestros veinte datos interesantes le mostrarán por qué este periodo sigue siendo recordado hoy en día!

71. **Los Tres Reinos fue una época de caos y guerra en la antigua China,** que duró del 220 al 280 de nuestra era.

72. **El colapso de la dinastía Han Oriental condujo al período de los Tres Reinos,** con señores de la guerra luchando por el control de China.

73. Durante este periodo se formaron tres reinos diferentes: **Cao Wei, Shu Han y Wu Oriental**. Estos reinos ayudaron a establecer cierta apariencia de paz.

74. Muchos **grandes generales** lucharon entre sí por el control de la antigua China. **Cao Cao, Liu Bei y Sun Quan** son sólo algunos ejemplos.

75. **Cao Cao fue un destacado estadista y señor de la guerra durante los últimos años de la dinastía Han.** Como una de las figuras más influyentes del período de los Tres Reinos, utilizó su influencia para crear su propio estado separado llamado Cao Wei (o simplemente Wei), aunque en realidad nunca se declaró emperador.

76. **Liu Bei, otro general de la dinastía Han oriental, creó su propio estado de Shu Han,** que estaba al suroeste del Wei de Cao Cao.

77. Otra figura legendaria del **periodo de los Tres Reinos fue Zhuge Liang**, un estratega increíblemente sabio y consejero del **ejército de Liu Bei.**

78. Más joven que sus rivales Cao Cao y Liu Bei, el tercer caudillo más importante y gobernante del tercero de **los Tres Reinos fue Sun Quan.** Gobernó el sur y el este de China, que se organizaron en **el Reino de Wu.**

79. Finalmente, el destacado **general y político Sima Yi se hizo con el poder y orquestó un golpe de Estado en Cao Wei**, erigiéndose como gobernante de facto del Estado desde 249 hasta 251 antes de fundar su propia dinastía.

80. Muchos **guerreros famosos** se hicieron famosos por su destreza y valentía, ¡como **Guan Yu y Zhang Fei!**

81. **Los Tres Reinos fue un período sangriento**, ¡pero Cao Cao y sus hijos eran en realidad poetas de renombre!

82. En 260 d. C., **el reino de Shu Han fue derrotado por el reino de Cao Wei.** Cao Wei gobernaría hasta la toma de poder de la dinastía Jin en 266 a. C.

83. Muchas grandes batallas tuvieron lugar durante este período. En **la batalla de los Acantilados rojos**, que tuvo lugar unos doce años antes del comienzo del periodo de **los Tres Reinos, Liu Bei y Sun Quan derrotaron al ejército de Cao Cao, mucho más numeroso, con tácticas inteligentes.** Esta batalla ayudó a decidir las fronteras de dos de los tres reinos.

84. **Los Tres Reinos se disputaban el poder** y todos sus gobernantes reclamaban **al mismo tiempo** el Mandato del cielo, **el derecho divino a gobernar**. Aunque cultural y socialmente eran casi idénticos, no hubo una «verdadera» entidad política de China durante esta época.

85. En 263, **cayó el reino de Shu Han. En 266, Sima Yan obligó al gobernante del Reino de Wei a abdicar.** Creó una nueva dinastía llamada Jin y se convirtió en el emperador Wu de Jin.

86. **En 280, los Jin conquistaron Wu del este, unificando toda China bajo un mismo estandarte.**

87. A finales del siglo III, aproximadamente una década después de que toda China hubiera sido unificada, una serie de conflictos internos, conocidos como **la guerra de los Ocho Príncipes**, contribuyeron al **declive de la dinastía Jin**.

88. **La dinastía Jin no mantuvo el control durante mucho tiempo,** pues duró menos de 150 años. La dinastía cayó ante la dinastía Song en el 420.

89. **Dado que los Tres Reinos fue un período muy emocionante,** la época todavía se recuerda hoy en día a través de muchos programas de televisión, películas, libros y juegos de computadora.

90. **Una de las novelas chinas más famosas,** *Romance de los Tres Reinos*, está basada en hechos ocurridos durante este periodo.

Dieciséis Reinos

(304-439 d. C.)

Explore **la fascinante historia de China** durante el periodo de **los Dieciséis Reinos**. Descubra por qué los señores de la guerra luchaban entre sí y, al mismo tiempo, unificaban culturas. **Conozca los poderosos reinos** y descubra cómo terminó este periodo de luchas con estos treinta datos interesantes.

91. **Los Dieciséis Reinos fue una época caótica de la historia china** que duró desde el año 304 hasta el 439 de nuestra era.

92. El periodo de los Dieciséis Reinos es interesante para los historiadores porque **es uno de los primeros conflictos a gran escala de la historia china** que estuvo motivado en gran medida por divisiones étnicas.

93. Comenzó tras el colapso de **la dinastía Jin occidental** y terminó con **la reunificación del norte de China** en 439 por el Wei del norte.

94. **Cuando la dinastía Jin occidental se derrumbó, se estableció la dinastía Jin oriental. Gobernó sobre el sur de China.**

95. A pesar de su poder, **acabó colapsando debido a una serie de conflictos internos entre facciones rivales** dentro de la corte real y a invasiones externas.

96. **En 291 comenzó una serie de guerras conocidas como la guerra de los Ocho Príncipes.** Diferentes príncipes y reyes buscaban el poder sobre la dinastía Jin occidental, lo que debilitó significativamente a la dinastía y permitió que otros reinos se hicieran más poderosos a su costa.

97. **La dinastía Jin occidental es importante** por muchas razones. Por ejemplo, comenzó **la sinización de los pueblos no chinos** que se asentaron en sus tierras. No se trataba de un programa estatal, aunque eso ocurriría más tarde en la **historia china.**

98. Durante el periodo de los Dieciséis Reinos, **China estuvo dividida en varios reinos gobernados por diferentes señores de la guerra.** Estos hombres luchaban constantemente entre sí por el control del territorio y los recursos.

99. Aunque se le llama de **los Dieciséis Reinos**, surgieron más de dieciséis reinos. Algunos reinos eran más fuertes que otros.

100. Algunos historiadores creen que hubo **al menos veintidós entidades políticas «independientes» en China durante este período,** desde provincias más pequeñas hasta imperios a gran escala.

101. **Los estados surgieron y cayeron**, lo que significa que estos reinos no luchaban entre sí todos al mismo tiempo.

102. A pesar de que **cada reino era políticamente independiente**, la base de su cultura y tradiciones era en su mayor parte la misma, aunque circunstancias únicas a veces llevarían al desarrollo de prácticas diferentes.

103. **La inestabilidad política provocó movimientos masivos de población dentro de China,** ya que la gente buscaba refugio de los conflictos entre los estados beligerantes.

104. **Sima Yan, el fundador de la dinastía Jin**, tenía fama de otorgar mucho poder a los miembros de su familia, algo que en última instancia contribuyó al estallido de **la guerra de los Ocho Príncipes.**

105. **Hubo muchos grandes estrategas militares durante** esta época. **Shi Le**, que una vez fue esclavo, ascendió hasta convertirse en el líder de su propia dinastía, **la Zhou posterior.** Aunque **se le considera una mente militar brillante**, fue innecesariamente cruel en sus campañas.

106. **El confucianismo siguió siendo una filosofía esencial durante esta época.**

107. **El budismo también se extendió durante este periodo**. Se construyeron muchos monasterios en diversas ciudades de China.

108. **Yao Xing, gobernante de la dinastía Qin posterior, era un devoto budista.** Durante su reinado, el budismo recibió apoyo oficial del Estado por primera vez en China.

109. **Las primeras grutas (o cuevas) budistas** fueron talladas durante este periodo. Se cree que **había más de mil cuevas en el sistema de cuevas de Mogao.** En la actualidad, hay más de setecientas cuevas de Mogao. Las construidas durante los Dieciséis Reinos se han perdido en su mayor parte.

110. A pesar de su inestabilidad política, **los Dieciséis Reinos fue una época importante para la cultura china**, ya que reunió a diferentes culturas y permitió a la gente intercambiar ideas.

111. **Cui Hong, historiador del siglo VI, fue el primero en utilizar el término «Dieciséis Reinos» en sus escritos.**

112. **Un factor** que contribuyó **al colapso de la dinastía Jin occidental fue la inmigración de los clanes de los «Cinco bárbaros»,** que llegaron al norte de China a finales de la dinastía Han Oriental. Finalmente, participaron en el derrocamiento de los Jin y organizaron sus propios estados.

113. Procedentes en su mayoría de la actual Mongolia y Asia central, **las tribus de los Cinco bárbaros no eran étnicamente chinas y llevaban un estilo de vida nómada.**

114. **Estos pueblos no chinos acabarían adoptando parcialmente las costumbres y tradiciones chinas,** especialmente en lo que se refiere a la administración y el gobierno.

115. La literatura de este periodo incluye las obras de **Tao Yuanming, un renombrado poeta también conocido como Tao Qian.** Escribió sobre la vida cotidiana en su provincia natal de Fujian.

116. Entre los reinos recién establecidos, el único que fue capaz de unificar una porción significativa de tierra durante más tiempo fue **el Wei del norte, fundado por el pueblo Tuoba en el año 386 de la era cristiana.**

117. Curiosamente, debido a que muchos de **los clanes extranjeros recién llegados abrazaron el budismo**, éste se extendió como una religión prominente en todo el norte de China durante este período.

118. **El Wei del norte eligió Luoyang como capital. Habiendo servido como antigua capital imperial,** esta elección fue consciente, demostrando la voluntad de los Tuoba de legitimarse y asimilarse en la cultura y el pueblo chinos.

119. **Culturalmente, este periodo de agitación no fue del todo estancado como cabría esperar.** El descubrimiento de estatuas de terracota datadas en los Dieciséis Reinos así lo demuestra.

120. **Una famosa batalla de esta época fue la del río Fei,** en la que dos ejércitos se enfrentaron en orillas opuestas de un río cerca de la actual Hefei.

El periodo de las dinastías del norte y del sur

(420-589 d. C.)

Explore con nosotros **la rica historia de las dinastías del norte y del sur**. Este capítulo aborda veinte hechos asombrosos sobre esta época. Aunque **fue otra época caótica de la historia**, también fue testigo del auge de las artes. **Descubra cómo la religión, el comercio y la guerra moldearon la cultura de esta época** y cómo grandes generales y poetas dejaron su huella en la historia china.

121. **Las dinastías del norte y del sur** vieron cómo el norte y el sur de China se separaban en dos reinos distintos.

122. **El norte de China acogió a los Wei del norte**, que más tarde se dividieron en Wei del este y Wei del oeste. **Qi del norte y Zhou del norte** llegarían al final de este periodo.

123. **En el sur de China surgieron Liu Song**, Qi del sur, Liang y Chen. Estos reinos no coexistieron entre sí.

124. **A pesar de ser rivales desde el principio, ninguna de las dinastías del norte y del sur consiguió erigirse como la entidad más poderosa de China.**

125. **Durante este periodo, el budismo creció en popularidad. El daoísmo** (o taoísmo) también fue abrazado por el pueblo.

126. **Durante esta época se construyeron muchos templos budistas.** Algunos de estos templos aún existen, como **el Templo Shaolin en** la provincia de Henan o **las Grutas de Yungang** cerca de Datong en la provincia de Shanxi.

127. **En algunas zonas del norte de China existían monasterios budistas.** Allí, los monjes enseñaban a los demás sobre su religión a la vez que **proporcionaban atención médica**, educación y otras formas de ayuda humanitaria.

128. **Durante este periodo, la pintura y la escultura,** en las que a veces aparecían Budas, ocuparon un lugar destacado.

129. Los poetas escribieron hermosas obras sobre la naturaleza inspirados por la belleza que veían mientras viajaban por las zonas rurales de toda China. **Yu Xin y Wei Shou** son algunos ejemplos notables.

130. El emperador Wu de Liang, que gobernó en la primera mitad del siglo VI, fue un notable mecenas de las artes.

131. Se dedicó a muchas formas de arte, sobre todo a la música y a la caligrafía, que se había convertido en una forma de arte muy respetable.

132. Las familias prominentes dominaban las luchas de poder en las dinastías del sur, gracias en parte a los poderes atribuidos en el pasado por Cao Cao a los clanes familiares.

133. La Ruta de la seda seguía siendo una parte esencial de la economía, ya que permitía a los mercaderes transportar mercancías de China a Europa con relativa facilidad. Esto dio lugar a intercambios culturales entre diferentes países, lo que ayudó a difundir el conocimiento sobre tierras extranjeras.

134. Se hicieron avances en matemáticas, como calcular pi con más precisión o desarrollar nuevos métodos para resolver ecuaciones algebraicas.

135. En las dinastías del norte y del sur se introdujeron nuevos sistemas de tributación, acuñación de monedas y divisas.

136. El periodo fue testigo de un aumento significativo en el comercio con otros países, lo que ayudó a fortalecer la economía china a través del aumento de la riqueza y los recursos importados del extranjero.

137. Al igual que en periodos anteriores, **el poder principal estaba en manos de generales y señores de la guerra,** que utilizaban la lealtad de sus tropas para ascender al poder y establecer sus propios dominios.

138. Durante este periodo, los pueblos **no Han (étnicamente chinos)** que habían emigrado al norte de China y que más tarde habían ascendido al poder, como **los xianbei** y **los tuoba,** se fueron asimilando cada vez más a la cultura china para ser más aptos para gobernar a sus súbditos chinos.

139. Las pinturas de paisajes se hicieron muy populares en China debido a sus vivos colores y excelentes pinceladas, capturando la belleza de la naturaleza con gran detalle.

140. Las dinastías del norte y del sur terminaron después de que el emperador Wen de la dinastía Sui se declarara gobernante de toda China, unificando tanto la parte norte como la sur bajo su reinado en 589.

Dinastía Sui

(581-618 d. C.)

Este capítulo **explora la fascinante dinastía Sui**, que duró de 581 a 618 de nuestra era. Examinaremos una serie de datos interesantes sobre el periodo y sus figuras clave, como el **emperador Wen y su hijo Yang Guang**. También veremos aspectos de la **cultura china** y cómo influyeron en la siguiente dinastía, la famosa dinastía Tang.

141. **La dinastía Sui fue una dinastía imperial china** que duró poco tiempo, de 581 a 618 de nuestra era.

142. **Yang Jian, que adoptó el nombre de emperador Wen**, fundó la dinastía y más tarde se convirtió en su primer emperador.

143. Durante este período, **se construyeron proyectos de infraestructura esenciales,** como canales, carreteras y puentes, para ayudar a expandir el transporte y el comercio en China.

144. **Para construir estos proyectos, el gobierno Sui reclutó trabajadores.** Esta medida provocó tensiones, ya que el pueblo tuvo que hacer frente al reclutamiento y a los elevados impuestos.

145. **El emperador Wen mejoró la educación durante su reinado** mediante la introducción de un sistema nacional de exámenes de servicio civil, que ayudó a las personas a obtener puestos de trabajo en el gobierno con base en sus habilidades en lugar de las conexiones familiares o la riqueza.

146. **Uno de los logros más notables de esta época fue el Gran Canal**. Unió el norte y el sur de China, ayudando a unificar el país.

147. Durante la dinastía Sui se repararon secciones de la Gran Muralla para proporcionar más seguridad a la parte norte de China.

148. **La dinastía Sui promovió el budismo a lo largo de su reinado**, y las escuelas chinas de pensamiento budista adquirieron mayor prominencia. Se cree que el florecimiento del budismo permitió que la cultura china resurgiera más fuerte que nunca.

149. **Al emperador Wen lo sucedió su hijo Yang Guang (emperador Yang),** que comenzó a gobernar en el año 604 de la era cristiana. **El emperador Yang era conocido por su extravagancia** y fastuoso estilo de vida, lo que debilitó significativamente las finanzas de la dinastía.

150. **Japón era un fuerte socio comercial de la dinastía Sui,** mientras que Corea y Vietnam se encontraban entre los dos principales enemigos externos de China en aquella época.

151. En el año 617 **de la era cristiana, el general Li Yuan lideró con éxito un golpe de estado contra el emperador Yang debido a la ira por los altos impuestos,** lo que finalmente resultó en el derrocamiento de la dinastía Sui a favor de la dinastía Tang, comenzando una nueva era de prosperidad bajo su gobierno.

152. Durante este período, **la cultura china floreció con la pintura, la música y la literatura.**

153. Curiosamente, el último emperador **Sui y sucesor del emperador Wen, Yang Guang, fue también uno de los poetas más renombrados de este periodo.**

154. **El emperador Wen, que dedicó muchos fondos al ejército,** consiguió reunir una fuerza de varios cientos de miles de hombres y los hizo marchar a la batalla contra los Chen en el río Yangtsé.

155. **Las campañas militares Sui contra Vietnam tuvieron un éxito parcial.** Se retomó el norte de Vietnam (que había estado bajo el control de los chinos durante las dinastías Han y Jin), pero se abandonaron los avances hacia el sur debido a las dificultades que encontraron los ejércitos chinos.

156. A pesar de la relativa brevedad del reinado de **la dinastía Sui**, ésta hizo muchas contribuciones duraderas que dieron forma a China, como **el Código Kaihuang.** Este código legal se deshizo de los castigos más severos y los sustituyó por castigos más aceptados por el pueblo. Estos castigos son duros para los estándares actuales, ¡pero ser desterrado o golpeado con un gran palo suena mucho mejor que ser desgarrado miembro por miembro!

157. **La dinastía Tang no cambió mucho de lo que había establecido la dinastía Sui.** Por ejemplo, los gobernantes Tang basaron sus leyes en el Código Kaihuang.

158. **Los ambiciosos y fastuosos empeños de los emperadores Sui acabaron por mermar enormemente las finanzas de la dinastía,** contribuyendo a su relativamente rápido declive.

159. **La guerra con el reino coreano de Goguryeo fue mortal.** Ninguna de las cuatro expediciones que lanzaron los Sui terminó con éxito.

160. **La caída de la dinastía Sui marcó el final de un breve** pero influyente periodo que ayudó a moldear el futuro de China, especialmente en lo referente a la cultura y la religión.

Dinastía Tang

(618-907 d. C.)

La dinastía Tang se considera una de las más conocidas de China. En ella florecieron la cultura y los avances tecnológicos. Puede que le sorprenda saber lo que se descubrió durante esta época, ¡y puede que le sorprenda aún más saber que **todavía utilizamos muchos de esos inventos!**

161. **La dinastía Tang comenzó en el año 618 y terminó en el 907 de nuestra era.** Hubo una breve pausa en el imperio, que duró de 690 a 705.

162. **Durante la dinastía Tang, la cultura china floreció** con avances como la imprenta, una forma de papel moneda, y la creación de la pólvora.

163. **La capital durante este periodo fue Chang'an** (actualmente conocida como Xi'an).

164. **Uno de los grandes gobernantes de la dinastía fue el emperador Taizong.** Sus reformas y logros aumentaron la prosperidad y estabilidad de China durante su reinado, que duró desde 626 hasta 649.

165. **La dinastía Tang es conocida como la edad de oro budista.** Aunque la mayoría de los emperadores eran daoístas, apoyaban en gran medida el budismo, y el gobierno tenía el control de los monasterios.

166. **Las mujeres adquirieron más derechos que antes.** Podían participar en debates políticos y ya no estaban obligadas a llevar vestidos largos ni a cubrirse la cara.

167. **El relativo periodo de estabilidad bajo los Tang hizo que las rutas comerciales de la Ruta de la seda fueran mucho más activas,** estableciéndose y manteniéndose rutas más fiables.

168. **El poeta más famoso de la dinastía Tang fue Li Bai,** que escribió sobre el patriotismo y la naturaleza de forma espiritual.

169. **La dinastía Tang alcanzó su edad de oro con el emperador Xuanzong** (685-762), marcada por la estabilidad y la prosperidad económica y política.

170. **El emperador Xuanzong también fue admirado por su mecenazgo de las artes y la educación,** lo que atrajo a muchos poetas, filósofos y artistas a su corte.

171. A diferencia del pasado, **la Gran Muralla china no se extendió** en gran longitud durante la dinastía Tang

172. **El budismo comenzó a ser utilizado con fines políticos por gobernantes como la emperatriz Wu Zetian,** que se declaró una gobernante iluminada apoyada en la doctrina budista.

173. Para afirmar su dominio, **Wu Zetian introdujo nuevos caracteres durante un breve periodo de tiempo en la lengua escrita,** aunque los cambios se revirtieron tras su muerte.

174. **La dinastía Tang vio cómo se popularizaba un precursor de la ópera china llamado** *canjunxi.* El *canjunxi* se originó a partir de la música folclórica, y más tarde el *canjunxi* contaba historias concisas.

175. **La invención de la pólvora se atribuye a monjes y alquimistas chinos durante este periodo.** Se cree que la pólvora se inventó alrededor del año 850. Finalmente se extendió a Europa a través de los contactos con los mercaderes de la Ruta de la seda.

176. **El té se hizo popular entre todas las clases sociales** por sus propiedades medicinales y se exportó al extranjero, hasta Japón.

177. **La dinastía Tang es conocida por sus cerámicas,** muchas de las cuales se han encontrado en yacimientos arqueológicos de todo el mundo.

178. **Las artes marciales, como el kung fu Shaolin, despegaron durante esta época.** Las artes marciales se practicaban por sus beneficios para la salud y con fines autodefensivos.

179. **La población aumentó significativamente a lo largo de la dinastía,** pasando de unos cincuenta millones de personas en sus inicios a quizás unos setenta y cinco millones hacia el año 900 de nuestra era.

180. **El uso de paraguas se hizo más común durante la dinastía Tang.** La gente los utilizaba para proteger su ropa de la lluvia, pero los paraguas también se utilizaban para proporcionar sombra del sol.

181. **La pintura floreció con artistas notables, como Wu Daozi y Zhang Xuan,** pintando sobre seda, tablas de madera, paredes y techos.

182. **El recién establecido Sistema Imperial de Exámenes se amplió y utilizó más comúnmente durante la época Tang**, contribuyendo a la creación de una nueva clase de élites gobernantes. Aun así, como el sistema era todavía relativamente nuevo, los funcionarios chinos tardaron un poco en adaptarse a él.

183. **Las tortitas se hicieron muy populares durante la dinastía Tang.** Comer ternera, en cambio, estaba desaconsejado.

184. **El primer misionero cristiano del que se tiene constancia llegó a China en el año 635.**

185. **Los eunucos se convirtieron en figuras notables en la corte debido a su cercanía al emperador,** llegando algunos a tener una influencia significativa en las decisiones políticas.

186. **La estabilidad y el florecimiento de las rutas comerciales de la Ruta de la seda** permitieron que nuevos productos, prácticas y modas entraran en China por primera vez tras una larga época de agitación.

187. **Las rutas comerciales nacionales también se desarrollaron,** gracias a las reparaciones realizadas en el Gran Canal.

188. **La dinastía Tang fue un periodo de gran intercambio cultural,** con muchos diplomáticos, comerciantes y misioneros extranjeros procedentes de lugares tan lejanos como Japón, India y Persia que trajeron sus ideas y creencias a China.

189. **El establecimiento de relaciones diplomáticas con otras naciones como Corea propició el aumento del comercio entre ellas,** como la exportación de paños de seda o lacados.

190. Aunque **la dinastía Tang lanzó campañas militares**, no tuvieron tanto éxito como las dinastías anteriores.

El periodo de las Cinco Dinastías y los Diez Reinos (907-960 d. C.)

Pasemos de **la edad de oro de la dinastía Tang** a otra época caótica de la historia china. Descubra quince datos fascinantes sobre **el periodo de las Cinco Dinastías y los Diez Reinos**.

191. **El periodo de las Cinco Dinastías y los Diez Reinos** fue una época de fragmentación política en China, que duró de 907 a 960 de nuestra era.

192. **Durante este periodo, cinco dinastías gobernaron el norte de China** una tras otra, y más de **doce reinos independientes** (conocidos en conjunto como los Diez Reinos) gobernaron el sur, a menudo al mismo tiempo.

193. **Todas estas entidades políticas basaron sus estructuras políticas en la dinastía Tang precedente.**

194. Aunque fue una época caótica, **el budismo se siguió promoviendo**, especialmente en el sur.

195. **Se podría suponer que la economía decayó, ya que China se enfrentaba a guerras internas, ¡pero en realidad experimentó un crecimiento económico!**

196. Las Cinco Dinastías del norte fueron Liang posterior, Tang posterior, Xin posterior, Han posterior y Zhou posterior.

197. **Todas ellas se sucedieron** entre 907 y 960, ocupando el mismo territorio y plagadas de inestabilidad y guerras.

198. **El período de las Cinco Dinastías y los Diez Reinos** terminó en 960, cuando la dinastía Song unificó China bajo un solo gobierno.

199. **Los Diez Reinos,** por su parte, estaban situados en la parte meridional de China. Incluían a **Yang Wu** (907-937), **Wuyue** (907-978), **Min** (909-945), **Ma Chu** (907-951), **Han del sur** (917-971), **Shu Anterior** (907-925), **Shu Posterior** (934-965), **Jingnan** (924-963), **Tang del sur** (937-976) y **Han del norte** (951-979).

200. A diferencia de **las Cinco Dinastías** del norte, algunos de **los Diez Reinos** existieron juntos durante breves periodos de tiempo, solapándose unos con otros.

201. Debido a esto, se considera que **el sur de China fue mucho más estable** que el norte durante este periodo.

202. Entre los artistas destacados de este periodo se encuentran **Li Cheng y Xu Xi**, cuyos estilos artísticos ponen un gran énfasis en la representación de la naturaleza como entidad sagrada.

203. **Este período de división en el norte terminó con la reunificación del norte de China por la dinastía Song** en 960.

204. **Las graves divisiones políticas entre el norte y el sur se expresaron en el desarrollo de fuertes identidades regionales,** algunas de las cuales perdurarían durante largos periodos de tiempo.

205. **El periodo de las Cinco Dinastías y los Diez Reinos** es otro ejemplo de una época de fuerte división política en China, que ejemplifica la naturaleza cíclica de la historia china.

Dinastía Liao

(907-1125 d. C.)

La dinastía Liao coexistió con las Cinco Dinastías y los Diez Reinos, así como con la dinastía Song, lo que le valió un lugar en los libros de historia. Esta sección **explorará la historia y la cultura de este intrigante imperio** a través de veinte hechos sorprendentes.

206. **La dinastía Liao fue fundada por el pueblo Khitan** en 907 y duró hasta 1125.

207. En su apogeo, **la dinastía gobernó el norte de China, Mongolia,** el norte de Corea y partes de Rusia.

208. **Los khitan procedían de las estepas de Mongolia.** Se expandieron en el siglo IX y acabaron declarándose un estado dinástico de China.

209. **Los chinos conocían a los khitan desde hacía siglos.** Su primera mención en las fuentes chinas aparece en *el Libro de Wei,* que se terminó en el siglo VI.

210. **El budismo era la religión más popular**, aunque la religión Liao mezclaba el budismo con la religión tribal, el **confucianismo** y el **daoísmo.**

211. **Los Liao tenían un fuerte ejército con unidades de caballería que protegían sus fronteras de los invasores,** como la dinastía Song al sur o las tribus nómadas de Asia central.

212. **Su economía dependía en gran medida del comercio a lo largo de las rutas de la Ruta de la seda,** que les conectaba con otras culturas de toda Eurasia.

213. **Desarrollaron un sistema de escritura conocido como minúscula khitana,** que les permitía llevar un registro de los impuestos o las leyes aprobadas por los gobernantes.

214. Si hay una escritura pequeña, tiene que haber una escritura grande. Ambas **escrituras khitanas se basaban en la escritura china.**

215. **Los emperadores Liao sabían leer chino,** lo que probablemente les resultó útil. **Algunas obras chinas se tradujeron al kitán,** pero no se sabe con certeza cuáles. Es probable que nunca se tradujeran los clásicos confucianos.

216. **Las mujeres khitanas gozaban de mayores libertades.** Por ejemplo, se les enseñaba a cazar e incluso podían administrar propiedades cuando sus maridos estaban ausentes.

217. **El arte de la dinastía Liao era variado,** pero la dinastía es más recordada por sus esculturas.

218. **Nadie sabe con certeza de dónde procede el término Liao.** Algunos creen que podría provenir de la palabra khitana para hierro.

219. **La dinastía Liao podría haber utilizado armas de pólvora en las batallas.**

220. El posterior **imperio Liao es recordado por su tolerancia religiosa** y su apertura a diferentes culturas.

221. **La administración en las tierras controladas por la dinastía Liao se dividió en dos.** Una parte se centraba en **la población khitana,** que se concentraba principalmente en la parte norte del imperio, mientras que la del sur se centraba en **la población china Han.**

222. **El ejército de los Liao estaba dividido en diferentes secciones.** El cuerpo más elitista estaba compuesto por caballería pesada khitana, mientras que los chinos étnicos solían ser la milicia.

223. **La dinastía Liao no tenía una presencia naval significativa.** En su lugar, dependía de los ejércitos terrestres para defenderse de los enemigos.

224. **En 1125, la dinastía Liao fue conquistada por los jurchens,** que fundaron en su lugar la dinastía Jin.

225. **Tras la caída de la dinastía en 1125, algunos de sus territorios fueron absorbidos por la dinastía Song o Jin,** mientras que otros se convirtieron en estados independientes gobernados por tribus nómadas de Asia central, como Qara Khitai.

Dinastía Song

(960-1279 d. C.)

Este capítulo explorará **la increíble historia de la dinastía Song, uno de los periodos más prósperos de la historia china**. Examinaremos sus avances en tecnología y arte para ver cómo su cultura sigue siendo influyente hoy en día.

226. **La dinastía Song duró de 960 a 1279 y se divide en dos periodos: Song del norte y Song del sur.** La dinastía Song del sur se fundó en 1127 y duró hasta 1279.

227. **Zhao Kuangyin** (más tarde conocido como **emperador Taizu) funda la dinastía Song** tras dar un golpe de estado para acabar con **la dinastía Zhou posterior**, que fue la última de las Cinco Dinastías.

228. **China vivió uno de sus periodos más prósperos durante la dinastía Song,** con avances en ciencia y tecnología. La población aumentó drásticamente y las artes florecieron.

229. **La primera fórmula química de la pólvora de la que se tiene constancia data de este periodo,** lo que hizo que se utilizaran nuevas armas como cañones y armas de fuego para la guerra.

230. **Kaifeng fue la capital de los Song del norte durante este periodo.** Estaba situada a orillas del río Amarillo. **La capital de los Song del sur era Lin'an** (la actual Hangzhou).

231. **La dinastía Song fue la primera dinastía china en establecer una armada permanente,** lo que le permitió emerger como una poderosa potencia marítima.

232. **El neoconfucianismo surgió como una filosofía influyente,** que hacía hincapié en la moralidad personal por encima de la política o la religión. **Los neoconfucianistas querían recuperar el confucianismo de antaño**, ya que la filosofía se había mezclado con otras religiones a lo largo de los siglos.

233. **El norte verdadero se descubrió por primera vez utilizando una brújula.**

234. Se realizaron importantes avances en materia de saneamiento e higiene urbana. Por ejemplo, **la dinastía Song construyó baños públicos gratuitos en las grandes ciudades.**

235. **En realidad, estos baños públicos vendían materia fecal a los granjeros.** ¡Las granjas utilizaban las cacas como abono!

236. **Las mujeres seguían estando por debajo de los hombres en la escala social,** pero se les concedieron más derechos que antes. En circunstancias especiales, una mujer podía ser propietaria de parte de los bienes de su padre si éste moría.

237. **El vendaje de los pies se hizo popular entre las mujeres de clase alta** que querían tener los pies más pequeños, ya que se consideraba que eran más elegantes.

238. **La dinastía Song fue la primera en inventar una imprenta móvil.** Las piezas móviles estaban hechas de porcelana.

239. **Astrónomos como Su Song crearon nuevos catálogos de estrellas.** También inventó una esfera armilar accionada por agua, que seguía con precisión los movimientos celestes a lo largo del tiempo.

240. **La dinastía Song introdujo la brújula de marinos,** que permitía a los marineros navegar con mayor precisión.

241. Durante este periodo, la literatura china floreció con poetas famosos como **Su Shi, que escribió sobre sus viajes por China, y Li Qingzhao, que escribió poemas románticos** sobre el amor y la naturaleza.

242. **El arte de esta época incluía paisajes y retratos. La caligrafía fue otra importante forma de arte** durante la dinastía Song.

243. **Esta dinastía vio un crecimiento en el comercio con otros países** como Japón y Corea a través de su ciudad portuaria Quanzhou (entonces conocida como Zaiton).

244. **La porcelana china se hizo popular en todo el mundo** debido a su alta calidad y sus intrincados diseños.

245. **El consumo de té era popular durante esta época,** ya que era una forma de socializar con amigos o familiares a través de ceremonias de té.

246. **En esta dinastía aumentaron las tasas de alfabetización entre hombres y mujeres** debido a la mejora de los sistemas educativos en toda China.

247. **El Lago del oeste de Hangzhou fue una de las atracciones turísticas más famosas durante esta época,** ¡y aún existe hoy en día! Ha sido elogiado por muchos poetas a lo largo de la historia por su belleza y tranquilidad.

248. **El Xiangqi, que es una versión china del ajedrez, y el juego de mesa Go se hicieron populares.** Estos juegos se jugaban de forma recreativa y competitiva.

249. Después de que una serie de rivalidades políticas debilitaran a los Song del norte en el siglo XI, **éstos fueron derrocados por los Jurchen, que establecerían la dinastía Jin** en 1127.

250. **El Imperio mongol acabó conquistando la dinastía Song del sur** en 1279, poniendo fin a su dominio sobre China. Sin embargo, muchos de sus inventos, ideas y cultura siguen siendo influyentes hasta nuestros días.

Dinastía Jin

(1115-1234 d. C.)

La dinastía Jin relevó a la dinastía Song del Norte en 1115 y duró 119 años, hasta 1234. **Conozca cómo se desarrolló la cultura y cómo se desmoronó finalmente la dinastía Jin** con estos veinte datos.

251. **La dinastía Jin fue fundada por el pueblo** *Jurchen* **en 1115 d. C.**

252. **Los** *jurchen* **eran tribus que vivían en el noreste de China.** Se unificaron bajo Wanyan Aguda, que se convirtió en el emperador Taizu de la dinastía Jin.

253. **El emperador Taizu de Jin unificó el norte de China tras derrotar a los caudillos rivales y establecer un fuerte gobierno central.**

254. **Trasladó su capital de Huining a Yanjing** (actual Pekín) en 1153. También creó una capital en el sur, Bianjing (actual Kaifeng).

255. **Tras su conquista, unos tres millones de** *jurchen* **emigraron a China. Aunque eran minoría,** gobernaban a la población china del imperio, que los superaba en número en una proporción de diez a uno.

256. **Tras haber derrotado a los Song del Norte, la dinastía Jin eligió la tierra como elemento dinástico.** Según la práctica **de los cinco elementos de la cultura china,** la tierra viene después del fuego (el elemento que se asociaba con los Song), por lo que esta elección fue deliberada y simbólica.

257. **A la dinastía Jin se le atribuye la creación de un sistema monetario** unificado mediante la introducción del papel moneda en 1160, en sustitución de las varias monedas.

258. **La dinastía Jin se desarrolló de forma diferente a la dinastía Song del sur.** Esto se debió principalmente a que los dos imperios no se comunicaban entre sí y eran rivales.

259. **Los Jin fueron conocidos por ser los primeros en utilizar la pólvora de forma efectiva en la guerra,** aunque no ganaron la batalla.

260. **La dinastía Jin amplió la Gran Muralla China, aunque las partes de la muralla que construyó eran diferentes.** Excavaban una zanja y luego construían un muro dentro de ella.

261. **Bajo los Jin, el daoísmo sufrió grandes transformaciones,** creciendo como religión, fundándose **la dominante Escuela Quanzhen** en la década de 1160.

262. **El emperador Shizong** (1161-1189) **promovió las tradiciones** *jurchen.* Declaró que los funcionarios del gobierno debían hablar en *jurchen* en lugar de en chino.

263. **Los emperadores de la dinastía Jin tenían dos nombres.** El primero era su nombre *jurchen,* pero también adoptaron nombres chinos y recibieron títulos póstumos.

264. **El poderoso ejército de la dinastía Jin estaba compuesto en gran parte por guerreros a caballo,** algo relacionado con los orígenes de los *jurchen.*

265. **A pesar de su fuerza en tierra, la dinastía Jin sufrió pérdidas catastróficas en el mar,** y su armada fue derrotada en múltiples ocasiones por los ejércitos Song.

266. **El gobierno de los Jin,** al igual que los anteriores gobernantes no chinos, **trató de adoptar las costumbres y formas de gobierno chinas** mientras intentaba combinarlas con las tradiciones *jurchen.*

267. Debido a disputas políticas internas, **la dinastía Jin decayó drásticamente tras haber sufrido derrotas militares a manos de los Song** a finales del siglo XII.

268. En el siglo XIII, **el emperador Xuanzong decidió atacar a los Song del sur para afirmar su dominio, pero fue derrotado**, al igual que sus antepasados medio siglo antes. Esto contribuyó aún más a la decadencia de la dinastía Jin.

269. En 1211 d. C., **Gengis Khan invadió el norte de China y capturó Yanjing** en 1215, **obligando a la corte Jin a exiliarse en Manchuria.**

270. **La dinastía Song del Sur ayudó a los mongoles a derrocar a la dinastía Jin,** que llegó a su fin en 1234.

Dinastía Yuan

(1271-1368 d. C.)

La dinastía Yuan es notable por muchas razones. Una de ellas son las visitas de Marco Polo a China. Explore las diferencias entre el **dominio mongol** y las dinastías anteriores y descubra cómo esta dinastía llegó a su inevitable fin.

271. **La dinastía Yuan fue la primera dinastía extranjera que gobernó toda China.**

272. **Fue fundada por Kublai Khan, líder del Imperio mongol y nieto de Gengis Khan.**

273. La cultura china floreció en muchos ámbitos. **Los cuatro maestros de Yuan fueron famosos por sus obras de arte,** y los artistas posteriores trataron de emular su estilo.

274. **Marco Polo visitó China durante este periodo** y contó sus viajes a un compañero de prisión. **Rustichello da Pisa escribió el famoso libro *Los viajes de Marco Polo*,** que contribuyó a difundir el conocimiento chino por toda Europa.

275. Aunque **los relatos de *Los viajes de Marco Polo* son interesantes,** también son fantásticos. Algunos historiadores creen que Marco Polo podría no haber pisado nunca China.

276. **La capital de la dinastía Yuan era Dadu** (actual Pekín). Fue la primera vez que Pekín fue la capital de toda China.

277. **Los mongoles intentaron llevar su papel moneda a lugares fuera de China,** pero era visto como extranjero, por lo que la gente no confiaba en él.

278. **La dinastía Yuan apoyaba el budismo y el confucianismo, aunque se practicaban muchas religiones,** entre ellas el cristianismo y el islam.

279. **Como la dinastía Yuan era tolerante con la mayoría de las religiones,** el número de musulmanes en China aumentó significativamente.

280. **Los ejércitos utilizaban mucho las armas de pólvora.** Los mongoles utilizaban bombas y cañones para luchar contra sus enemigos.

281. **Kublai Khan promovió el crecimiento de la Ruta de la seda y concedió préstamos para financiar las caravanas comerciales,** lo que permitió que la economía prosperara.

282. **Las zanahorias, los nabos y el algodón fueron algunas de las cosas que se hicieron populares durante esta dinastía.**

283. **La Gran Muralla China fue reparada y ampliada por soldados mongoles.**

284. **El consumo de té se hizo popular** entre los habitantes de China, estableciéndose casas de té en ciudades como Pekín y Hangzhou.

285. **La mayoría de las obras se seguían imprimiendo con caracteres de imprenta,** pero algunas se imprimían con tipos móviles. **Los mongoles imprimieron muchos libros,** brindando muchas fuentes para examinar hoy en día.

286. **La dinastía Yuan fue la primera en utilizar el ábaco para realizar cálculos en China.**

287. **La lengua mongola nunca reemplazó totalmente al chino.** De hecho, la mayoría de las escrituras de este periodo están escritas en ambas lenguas.

288. **La dinastía Yuan introdujo un nuevo sistema de escritura llamado «escritura *Phagspa*».** Este sistema pretendía unificar todas las tierras conquistadas por los mongoles.

289. **A pesar de la fuerza del ejército mongol de la época, Kublai Khan fue incapaz de conquistar Japón.** Sus invasiones de 1274 y 1281 fracasaron. Los japoneses detuvieron parcialmente a los mongoles, pero las fuertes tormentas y las condiciones desfavorables en el mar les crearon más problemas y contribuyeron a su derrota.

290. **Los problemas internos y los desastres naturales llevaron a la dinastía Yuan a la decadencia.** Cuando estalló la Rebelión de los Turbantes Rojos, los gobernantes Yuan no tuvieron la fuerza suficiente para defenderse.

Dinastía Ming

(1368-1644 d. C.)

Es hora de explorar otra época emblemática de la historia china: la dinastía Ming. A continuación, se presentan datos sobre **Zheng He, la religión y el armamento**. La dinastía Ming es conocida por sus aportes culturales; ¡descubra por qué!

291. **La dinastía Ming fue la cuarta dinastía más larga de la historia china,** se mantuvo desde el 1368 hasta el 1644 de nuestra era.

292. **Fue fundada por el líder rebelde campesino Zhu Yuanzhang.** Más tarde, **Hongwu se autoproclamó emperador** y estableció **la capital en Nanjing** en 1368.

293. **Los primeros años de la dinastía Ming estuvieron marcados por las reformas**, incluyendo la distribución de la tierra, la reducción de impuestos y la supresión de las familias poderosas.

294. **Entre los grandes logros alcanzados por la dinastía Ming destacan los avances en la construcción naval y en la tecnología de la navegación, que permitieron varias exploraciones.** La más notable de ellas fueron los viajes de Zheng He al sudeste asiático, Oriente Medio y África entre 1405 y 1433.

295. **La población china aumentó radicalmente durante el gobierno de esta dinastía**. Es difícil saber las cifras exactas, ya que el número de población de este período no es exacto, pero algunos historiadores creen que alrededor de **doscientos millones de personas vivían en China.**

296. El cepillo de dientes moderno de cerdas se inventó en China en 1498.

297. **La famosa ciudad prohibida de Pekín se construyó durante la dinastía Ming.** La ciudad prohibida vio sentarse en su trono a veinticuatro emperadores a lo largo de quinientos años.

298. **Los artesanos chinos eran conocidos por utilizar colores vivos** y diseños intrincados, como las porcelanas azules y blancas por las que es conocida esta época.

299. **El budismo, el daoísmo y el confucianismo fueron las tres religiones/filosofías más importantes durante esta época.** Las religiones populares chinas también eran practicadas por el pueblo.

300. **El *Yongle Dadian*, una enciclopedia, contenía miles de volúmenes de todas las áreas de estudio.** La mayoría de los volúmenes se perdieron, pero era considerada la enciclopedia más grande del mundo hasta que llegó Wikipedia.

301. **Las armas de pólvora se utilizaron con frecuencia y se desarrollaron a pasos enormes.** A finales de la dinastía Ming, las armas de fuego de estilo europeo eran populares.

302. En este periodo surgieron grandes obras literarias. **Autores como Feng Menglong escribieron historias sobre gente corriente.** Los temas sociales adquirieron un rol central en los poemas y relatos de esta dinastía.

303. **El Gran Canal fue ampliado y enlazado con vías fluviales naturales,** permitiendo una ruta de comercio marítimo de Pekín a Hangzhou.

304. **El neoconfucianismo se hizo muy popular durante la dinastía Ming,** aunque más tarde se enfrentó al escrutinio. Algunos eruditos, como **Wang Yangming, creían que las personas que no habían experimentado el mundo real no eran tan sabias como las que sí lo habían hecho,** afirmando que los campesinos con experiencia empírica eran más sabios que los funcionarios.

305. Esta dinastía también conoció algunas obras literarias famosas, como *Viaje al oeste* y posiblemente *Margen de agua*.

306. **Las formas tradicionales de teatro eran admiradas por todas las clases,** siendo las óperas de marionetas una forma de entretenimiento particularmente admirada.

307. **La dinastía Ming promulgó leyes suntuarias, que intentaban bajar lo que compraba la gente.** Por ejemplo, los mercaderes y los plebeyos no podían vestir de seda.

308. **Al principio de la dinastía Ming, el poder de los eunucos estaba restringido.** Con el paso del tiempo, se les fue dando más control. Construyeron sus propias estructuras sociales y a veces rivalizaban en poder con el emperador.

309. **China se aisló cada vez más durante la dinastía Ming, cerrando sus fronteras a los extranjeros.**

310. **El dominio Ming terminó en 1644 cuando fuerzas rebeldes lideradas por Li Zicheng derrocaron al último emperador Chongzhen en Pekín.** Se declaró una nueva dinastía, que tomó el control del país hasta 1911.

Dinastía Qing
(1644-1911)

Explore la fascinante historia de la dinastía Qing. Conozca a varios gobernantes famosos de este periodo y descubra los avances que se realizaron. La última dinastía imperial de China tiene mucho por descubrir, ¡así que sumérjase en ella!

311. **La dinastía Qing fue la última dinastía imperial de China** y duró desde 1644 hasta 1911.

312. **El pueblo manchú, originario del noreste de Asia y descendiente de los *jurchens*, gobernó la dinastía.**

313. **El emperador Shunzhi fue el segundo emperador de la dinastía Qing, pero el primero en gobernar toda China.** ¡Subió al trono cuando solo tenía cinco años!

314. **El emperador Khangxi es considerado uno de los emperadores chinos más excepcionales** y reinó durante sesenta y un años, ¡más que cualquier otro gobernante chino de la historia!

315. Durante **el reinado del emperador Khangxi,** las aduanas comerciaban con países extranjeros. **El comercio abierto con Occidente** no se produjo hasta después **de la guerra del Opio** de 1842.

316. **Los ocho estandartes eran divisiones militares, con soldados organizados en unidades basadas en su etnia y estatus social.** La dinastía Qing dependía de ellos para las campañas militares, pero con el tiempo, dejaron de ser una fuerza de combate eficaz.

317. **El emperador Qianlong tuvo un reinado extremadamente exitoso.** Los historiadores creen que la dinastía Qing estuvo en la cúspide de su poder durante su gobierno.

318. **Encargó la mayor colección de libros chinos que conocemos,** el *Siku Quanshu* o *Repositorio completo de las cuatro ramas de la literatura*. Incluía casi treinta y siete mil volúmenes.

319. **Durante este periodo, el contacto de China con el mundo exterior aumentó muchísimo**. Potencias europeas como **Rusia y Gran Bretaña** colonizaron partes de China y regiones limítrofes, dando lugar a disputas territoriales que duraron siglos.

320. **El comercio de opio entre la India británica y las provincias gobernadas por los Qing creó inmensos beneficios** para los comerciantes y provocó el caos en muchas partes del país debido a la adicción a la droga.

321. **El emperador Tongzhi intentó modernizar China durante su reinado con tecnologías occidentales** como ferrocarriles, sistemas de telégrafo, hospitales y escuelas. Murió antes de poder terminarlo.

322. **La emperatriz viuda Cixi fue quien tuvo la idea de modernizar China,** ya que el país necesitaba un impulso para sobrevivir.

323. **Aunque la emperatriz viuda Cixi nunca gobernó oficialmente**, fue regente y se aseguró de que su sobrino se sentara en el trono tras la muerte de su hijo para mantener el poder.

324. **La emperatriz viuda Cixi no aprobaba el gobierno occidental,** pero pensaba que algunas reformas ayudarían a fortalecer el país. Al final de su vida, comenzó a abrazar la idea de una monarquía constitucional.

325. **Los hombres chinos Han estaban obligados a llevar el pelo en una coleta**, que era como lo llevaban los hombres manchúes. Los Han odiaban esta ley, ya que les recordaba que no tenían el control de China.

326. **El emperador Khangxi intentó acabar con el vendaje de pies**, pero no lo consiguió. No se prohibió hasta 1912.

327. **La dinastía Qing promovió un aumento de las tasas de alfabetización debido a las** iniciativas de **educación universal**, lo que, a su vez, llevó a que grandes obras de la literatura fueran devoradas por la población.

328. Una obra literaria famosa fue ***Sueño de la cámara roja***. Este libro ha sido ampliamente estudiado e incluso tiene su propio campo de estudio llamado ***redología***.

329. **El confucianismo fue promovido por muchos emperadores**, pero su énfasis en la armonía social y la obediencia a la autoridad obstaculizó el progreso tecnológico y las políticas progresistas que estaban ocurriendo en otras partes del mundo.

330. **Los chinos se inocularon contra la viruela y** la tasa de mortalidad infantil disminuyó gracias a los avances de la medicina.

331. **Las mujeres empezaron a escribir más durante este periodo,** sobre todo poesía.

332. En el apogeo **del dominio Qing, China era tan poderosa** que obligó a muchos de sus estados vecinos a pagarle tributo.

333. **El té era el mayor producto de exportación**. A principios del siglo XIX, representaba el 90 por ciento de las exportaciones de Cantón.

334. **El emperador Yongzheng prohibió el cristianismo.** También puso en marcha programas para combatir el hambre y la pobreza en las regiones rurales.

335. **La caligrafía y la pintura siguieron siendo aficiones populares.** Los cuatro Wang fueron pintores destacados de este periodo.

336. **El ferrocarril se introdujo en China** por primera vez durante la dinastía Qing.

337. **Las reformas** que intentaron perseguir la modernización a finales del siglo XIX se llamaron **«Movimiento de autofortalecimiento»**. Estas reformas afectaron a algunos de los aspectos más importantes de la vida, como la economía, el ejército y la educación.

338. **La emperatriz viuda Longyu declaró el fin del gobierno imperial** el 12 de febrero de 1911, en nombre del emperador de seis años, Puyi.

339. En 1917, **Zhang Xun intentó restaurar la dinastía Qing,** pero fracasó.

340. **Más tarde, Puyi se convirtió en el emperador títere del estado de Manchú, controlado por Japón**, que cayó al final de la Segunda Guerra Mundial.

Las guerras del Opio

(1839-1842, 1856-1860)

En las guerras del Opio China se enfrentó a varias potencias occidentales, en particular Gran Bretaña. ¿Por qué comenzaron? ¿Qué consecuencias tuvieron? A continuación, se responden otras preguntas y se presentan otros datos interesantes.

341. **La primera guerra del Opio fue una guerra entre China y Gran Bretaña,** que duró de 1839 a 1842.

342. **Comenzó porque el gobierno chino quería acabar con el comercio del opio.** El opio es una droga que se obtiene de la planta de amapola. Los británicos no querían acabar con un comercio tan lucrativo.

343. **Durante la guerra se libraron varias batallas.** Los juncos de guerra chinos, un tipo de barcos con velas, fueron a menudo superados por la armada británica, que poseía barcos más grandes con cañones.

344. **Después de casi tres años de lucha, Gran Bretaña ganó la guerra** debido a la superioridad de sus armas y tecnología militar en comparación con las fuerzas chinas.

345. **China tuvo que ceder la isla de Hong Kong a Gran Bretaña. También tuvo que abrir puertos en la provincia de Guangdong** para que los comerciantes británicos pudieran vender opio allí, legalmente y sin restricciones.

346. **Este importante acontecimiento provocó tensiones entre los ciudadanos chinos y los gobiernos extranjeros.** Estas tensiones siguen existiendo hasta el día de hoy.

347. **El Tratado de Nankín, que puso fin a la primera guerra del Opio,** fue el primero de los llamados tratados desiguales. Estos tratados otorgaban más poder y control a las potencias occidentales mientras que concedían a China muy poco a cambio.

348. **El opio es altamente adictivo. El Tratado de Nankín no incluía ninguna disposición para abordar el problema.** Se cree que el número de adictos al opio se duplicó tras la firma del tratado.

349. **La segunda guerra del Opio comenzó por una disputa sobre los derechos comerciales** y no solo participó Gran Bretaña, sino también Francia y otras potencias occidentales.

350. En octubre de 1860, **el Palacio de Verano fue saqueado por soldados británicos y franceses.** Obras de arte de valor incalculable fueron llevadas a Europa.

351. **La segunda guerra del Opio terminó con la firma del Tratado de Tientsin** (1858) y la Convención de Pekín (1860). Estos tratados ampliaron aún más los privilegios comerciales de las potencias occidentales, legalizaron el comercio del opio y supusieron más concesiones territoriales para China.

352. **Las guerras del Opio contribuyeron en gran medida al declive de China como potencia regional y mundial,** convirtiéndola en un estado semicolonizado.

353. **En 1870, el PIB de China se había reducido a la mitad**. Los historiadores creen que la caída fue consecuencia directa de las guerras del Opio.

354. **Las guerras del Opio fueron el primer precedente de la injusta relación** que se desarrolló entre el occidente industrializado y la China del siglo XIX, que estaba rezagada en avances tecnológicos y sociales.

355. A pesar de la victoria occidental, **muchos criticaron las guerras del Opio por su carácter imperialista y la dominación de los chinos por los europeos.** Las críticas

procedían de intelectuales, como Karl Marx, que condenaban las acciones de Occidente en la guerra.

Rebelión Taiping
(1850-1864)

En esta sección se explora la fascinante **rebelión Taiping,** uno de los acontecimientos más importantes de **la dinastía Qing.** A continuación, diez datos interesantes sobre su líder y las creencias de sus seguidores. También se habla de **los cambios que provocó esta rebelión.**

356. **La rebelión Taiping fue una guerra civil en China** que duró desde 1850 hasta 1864.

357. **Se libró entre la dinastía Qing, que gobernaba China,** y un grupo rebelde llamado el Reino Celestial Taiping.

358. **Hong Xiuquan, el comandante de la rebelión,** creía que Dios lo había elegido para sacar a su pueblo del sufrimiento y la pobreza. Llegó a decir que era hermano de Jesucristo.

359. Aunque se discute el número exacto de víctimas, **se cree que al menos veinte millones de personas murieron durante la rebelión Taiping**, lo que la convierte en uno de los acontecimientos más sangrientos de la historia reciente de China.

360. **La rebelión Taiping es la guerra civil más sangrienta de la historia.** Ambos bandos cometieron masacres contra el otro, aunque la mayoría de las muertes se produjeron a causa de las enfermedades y el hambre.

361. **El éxito de los rebeldes varió de un año a otro**, pero el gobierno Qing finalmente pudo sofocar la rebelión. Esto se debió en parte a la falta de organización de los rebeldes, así como a la reticencia de las potencias extranjeras a ayudarles.

362. Durante su apogeo, **el Reino Celestial Taiping controló más de la mitad de la China actual,** incluidas ciudades importantes como Nanjing (conocida en su día como Nankín).

363. **Las mujeres desempeñaron un papel esencial en esta rebelión**. Sirvieron como soldados, enfermeras e incluso generales en **el ejército Taiping**. Era raro que las mujeres sirvieran como combatientes en ese momento del siglo XIX, lo que hizo que el ejército Taiping fuera único.

364. **Aunque esta rebelión fue uno de los factores responsables de la decadencia de la China imperial,** también dio a los emperadores chinos la oportunidad de fortalecer a China para que pudiera mantenerse fuerte en el escenario mundial.

365. **La rebelión provocó importantes cambios a corto plazo en la sociedad china,** como que los funcionarios Han obtuvieron más poder en el gobierno. Los ejércitos provinciales adquirieron mayor importancia, sustituyendo a las fuerzas imperiales. Estos cambios influyeron en el final de la dinastía Qing.

Restauración de Tongzhi

(1860-1874 d. C.)

A continuación, se presentan **diez hechos asombrosos sobre la restauración Tongzhi.** Se introdujeron mejoras en muchas áreas de la sociedad y el gobierno chinos, **lo que ayudó a fortalecer a China** y a acercarla más a la era moderna.

366. **La restauración Tongzhi fue un período en China que duró de 1860 a 1874.**

367. Durante este periodo, **el gobierno chino trabajó para restaurar el orden y la estabilidad** después de años de guerras civiles e invasiones extranjeras.

368. El nombre de este período deriva del título del **emperador Tongzhi,** que gobernó de 1861 a 1875.

369. Aunque el nombre del periodo se debe **al emperador Tongzhi, fue su madre, la emperatriz viuda Dowager Cixi, quien aportó las ideas sobre cómo volver a hacer fuerte a China.**

370. **Durante esta época se llevaron a cabo numerosas reformas**, como mejoras en la educación, los sistemas de transporte, la organización militar y las políticas fiscales. **Estas reformas contribuyeron a fortalecer la economía y la sociedad china.**

371. La restauración Tongzhi abrió una oficina exterior para tratar con diplomáticos, lo que ayudó a abrir más China a otros países.

372. **Aunque la restauración Tongzhi modernizó algunas cosas,** la emperatriz viuda Cixi se aferró a las viejas tradiciones. Los historiadores creen que esto hizo que el periodo no alcanzara todo su potencial.

373. **En su mayor parte, las reformas no alcanzaron todo su potencial** porque el gobierno no estaba seguro de cómo aplicarlas.

374. **China reformó su ejército durante esta época,** pero fue incapaz de conseguir una victoria decisiva en **la guerra chino-japonesa.**

375. **La restauración Tongzhi contribuyó a fortalecer los valores tradicionales chinos,** lo que aportó cierta unidad al país.

La primera guerra sino-japonesa
(1894-1895)

Japón y China aspiraban a convertirse en la gran potencia de Oriente. Las tensiones entre ambos estallaron finalmente con **la primera guerra sino-japonesa**. A continuación, diez datos sobre esta guerra y cómo afectó a China.

376. **La primera guerra sino-japonesa se libró entre julio de 1894 y abril de 1895 por Corea.**

377. **Corea había estado durante mucho tiempo bajo la esfera de influencia de China.** En 1876, Corea se abrió al comercio con Japón.

378. **A Japón le preocupaba que Corea estuviera demasiado subdesarrollada.** El gobierno japonés creía que si Corea era incapaz de defenderse, las potencias occidentales se abalanzarían sobre ella y la tomarían.

379. **Cuando China envió fuerzas para ayudar a sofocar la rebelión de Tonghak en Corea,** Japón alegó que violaba un tratado anterior, lo que finalmente llevó a una declaración de guerra.

380. **China también tuvo que hacer frente a una rebelión en el norte de su territorio mientras luchaba en la primera guerra sino-japonesa.** Los musulmanes chinos se rebelaron contra el gobierno Qing porque se negaba a declarar qué orden sufí era superior.

381. La dinastía Qing se vio obligada a pedir la paz tras seis meses de guerra.

382. **China dejó de ser la potencia dominante en Asia Oriental,** ya que Japón se convirtió en el claro vencedor de la guerra.

383. **China perdió alrededor de treinta y cinco mil hombres** (muertos y heridos), mientras que Japón sufrió alrededor de cinco mil bajas.

384. **En virtud del Tratado de Shimonoseki, China reconoció la independencia de Corea** y cedió a Japón la península de Liaodong, Taiwán y las islas Penghu.

385. **Japón invadió Taiwán en 1895, ya que varios funcionarios se negaron a reconocer el tratado y establecieron una república democrática.** Finalmente, Japón consiguió anexar la isla.

Rebelión de los bóxers

(1899-1901)

Descubra **la historia de la rebelión de los bóxers,** un conflicto entre potencias extranjeras y rebeldes chinos que duró dos años. Este capítulo **explora diez datos interesantes sobre esta rebelión**, desde sus orígenes hasta su final.

386. **La rebelión de los bóxers fue una rebelión en China contra la influencia y el control extranjeros.**

387. **Comenzó cuando los chinos formaron la Sociedad de los Puños Justos y Armoniosos,** una organización para luchar contra los extranjeros que se apoderaban de su país.

388. Como muchos **de los rebeldes practicaban artes marciales, los ingleses los llamaron «bóxers».** ¡Un gran nombre para ellos!

389. Durante la rebelión, **los bóxers atacaron embajadas, iglesias y empresas extranjeras en toda China,** pero principalmente en Pekín (la capital de China).

390. **Para sofocar la rebelión, ocho países enviaron tropas: Japón, Rusia,** Gran Bretaña, Alemania, el imperio Austro-húngaro, Italia, Estados Unidos y Francia.

391. **Tras dos años de lucha, las fuerzas internacionales derrotaron a los bóxers en 1901,** pero China tardó otra década en restablecer la paz con las demás naciones y en resolver los problemas internos causados por la rebelión.

392. **Cualquier funcionario del gobierno que apoyara a los bóxers era ejecutado,** y China se vio obligada a pagar una enorme indemnización a la alianza de las ocho naciones.

393. **La emperatriz viuda Cixi, que seguía teniendo el poder, apoyó a los bóxers. Más tarde,** se entendió con las potencias occidentales y aceptó introducir cambios que convirtieron

al país en una monarquía constitucional.

394. **La dinastía Qing intentó reparar el daño creado por los bóxers,** pero quedó debilitada. Las reformas que promulgó no fueron suficientes, lo que condujo al fin de la monarquía en 1911.

395. **Aunque las potencias occidentales desempeñaron un gran papel en la rebelión de los bóxers, Japón emergió como la potencia dominante.** Con el tiempo, Japón controló buena parte de Asia Oriental, incluidas partes de China.

La Revolución de 1911

(1911-1912 d. C.)

La Revolución de 1911 fue un momento crucial en la historia de la humanidad. La dinastía Qing fue derrocada, poniendo fin al dominio imperial de China. Descubra qué ocupó el lugar de la monarquía y otras curiosidades sobre esta revolución a través de estos quince datos apasionantes.

396. **Otro nombre para la Revolución de 1911 es Revolución Xinhai.** Se llama así por el año en que tuvo lugar en el calendario chino.

397. **Aunque la Revolución de 1911 tuvo éxito,** no fue ni mucho menos el primer levantamiento que sacudió China a finales del siglo XIX y principios del XX.

398. **Sun Yat-sen, el líder de la Revolución de 1911**, participó en muchos de los levantamientos anteriores.

399. **En 1894, Sun Yat-sen formó la Sociedad para Revivir China** (*Xingzhonghui*). Un año después, otro destacado grupo rebelde, **la Sociedad Literaria Furen**, se fusionó con la Sociedad Revive China.

400. **Sun Yat-sen estuvo exiliado durante este tiempo**; creó su partido revolucionario en Honolulu, Hawai.

401. **En 1905, la Sociedad para Revivir China se transformó en el Kuomintang o KMT.** Este sigue siendo hoy un importante partido político en China.

402. Aunque se habían producido levantamientos en años anteriores, **el levantamiento de Wuchang, en octubre de 1911, se considera el acontecimiento que hizo estallar la Revolución de 1911**. Pronto le siguieron otras regiones en las que se luchaba contra la dinastía Qin.

403. En 1911, **Yuan Shikai, un oficial militar, fue nombrado primer ministro por la dinastía Qing** para hacer frente a los rebeldes.

404. **En enero de 1912 se creó la República de China. Sun Yat-sen se convirtió en su primer presidente.**

405. **Sun Yat-sen fue presidente durante poco más de dos meses. Yuan Shikai** se convirtió en presidente en marzo.

406. **Para ser presidente, Yuan Shikai tuvo que conseguir que el emperador Puyi abdicara.** Como el emperador era tan joven (solo tenía seis años), su regente, **la emperatriz viuda Longyu, tuvo que firmar los papeles por él.**

407. **La vida no cambió mucho para el chino medio.** Lo que más cambió fue la abolición del feudalismo.

408. **Hubo mucho sentimiento anti manchú después de la revolución. En Pekín,** miles de manchúes murieron en ataques violentos.

409. **Cuatro mil años de dominio imperial terminaron cuando la dinastía Qing fue derrocada.**

410. **Con el paso del tiempo, los chinos volvieron a dividirse**: unos veían la Revolución de 1911 como la etapa final para una China democrática y otros como un peldaño para una revolución mayor.

El intento de Yuan Shikai de restablecer el dominio imperial
(1915-1916)

Aunque **Yuan Shikai se convirtió en presidente de China**, no estaba contento con el poder que se le había otorgado. **Quería volver a la monarquía.** A continuación, cinco hechos interesantes sobre su reinado, incluyendo cómo **se declaró emperador** y por qué fracasó en su intento.

411. **Yuan Shikai se aseguró rápidamente el poder como presidente**, lo que le permitió recabar apoyos cuando quiso volver a **la forma tradicional de gobernar.** En diciembre de 1915 fue elegido emperador.

412. **Yuan Shikai pasó a ser conocido como el emperador Hongxian.**

413. **A los revolucionarios no les gustó esta medida, ni tampoco a los oficiales militares de Yuan Shikai.** El pueblo se rebeló, y Yuan Shikai perdió el apoyo extranjero cuando no obtuvo buenos resultados en las batallas.

414. **Yuan Shikai solo gobernó durante ochenta y tres días.**

415. **Cuando murió en junio de 1916, su muerte dejó un vacío de poder,** que muchos señores de la guerra se apresuraron a llenar.

La Era de los señores de la guerra
(1916-1928 d. C.)

Descubra **la turbulenta historia de China durante la Era de los señores de la guerra**. Este capítulo explora cinco hechos interesantes sobre este periodo, incluyendo cómo terminó.

416. **La Era de los señores de la guerra fue una época de caos y conflicto en China,** ya que muchos señores de la guerra diferentes lucharon por el control del país.

417. **La lucha principal fue entre el ejército del gobierno del Kuomintang y el ejército del antiguo gobierno de Yuan Shikai,** aunque también se alzaron otros grupos.

418. La mayor batalla de este periodo fue **la guerra de las Llanuras Centrales**. En ella lucharon más de un millón de soldados.

419. **La Era de los señores de la guerra terminó con la Expedición al Norte,** dirigida por **Chiang Kai-shek,** en 1928, que unió de nuevo la mayor parte de China bajo un solo gobierno.

420. **Los señores de la guerra siguieron apareciendo y creando serias amenazas durante las siguientes décadas,** lo que aumentó la inestabilidad de China.

La guerra civil China

(1927-1949 d. C.)

Este capítulo explora **la tumultuosa historia de la guerra civil China**. Explora diez datos interesantes sobre este conflicto, incluyendo cómo se libró y quién ganó finalmente.

421. **La guerra civil China fue un conflicto entre el Partido Comunista de China** y el Partido Nacionalista (Kuomintang) de China.

422. **Duró de 1927 a 1949,** aunque hubo una pausa en la lucha cuando **los chinos dejaron de lado sus diferencias para luchar contra Japón** y ayudar a los Aliados en la Segunda Guerra Mundial.

423. No hay registros exactos, pero **millones de personas murieron y fueron desplazadas debido a los combates** y el hambre.

424. **El Partido Comunista de China fue apoyado por la Unión Soviética, mientras que el Partido Nacionalista de China recibió el apoyo de Estados Unidos** y otros países occidentales.

425. **A medida que pasaban los años, las fuerzas comunistas ganaban más adeptos.** En 1945, contaban con más de tres millones de soldados.

426. **La guerra civil China se reanudó en 1946, cuando Chiang Kai-shek dirigió un asalto al norte de China.**

427. Ambos bandos cometieron crímenes de guerra. **Las fuerzas nacionalistas llevaron a cabo el Terror Blanco, asesinando a cientos de miles de personas sospechosas de ser comunistas.** Las fuerzas comunistas atacaron a los terratenientes, ya que querían redistribuir la tierra entre los campesinos.

428. En octubre de 1949, **las fuerzas comunistas de Mao Zedong se hicieron con el control de la mayor parte de China continental y establecieron la República Popular China** (RPC).

429. **Chiang Kai-shek y unos dos millones de soldados nacionalistas se retiraron a Taiwán,** donde formaron su gobierno, **la República de China** (ROC).

430. **La República de China reivindicó China hasta 1988. La República Popular China reclama la soberanía de Taiwán,** aunque nunca ha controlado parte alguna de la isla.

La segunda guerra sino-japonesa
(1937-1945)

La segunda guerra sino-japonesa fue un conflicto devastador que suele ser eclipsado por la Segunda Guerra Mundial. Esta sección repasa cómo comenzó y algunas de las atrocidades que se cometieron.

431. **La segunda guerra sino-japonesa tuvo lugar entre 1937 y 1945.** A veces es llamada el Holocausto Asiático.

432. **Japón invadió Manchuria en 1931 y estableció un estado títere llamado Manchukuo,** dirigido por el emperador Puyi, el último emperador Qing.

433. **En julio de 1937, una fuerza japonesa exigió entrar en Wanping,** cerca de Pekín, para buscar a un soldado desaparecido. Los chinos estacionados allí se negaron. Finalmente hubo disparos. Muchos consideran este hecho como el comienzo de **la segunda guerra sino-japonesa.**

434. **Durante la segunda guerra sino-japonesa murieron unas veinte millones de personas.** La mayoría eran civiles.

435. **Esta guerra es notable por la masacre de Nanjing, también conocida como la violación de Nanjing.** La masacre duró unas seis semanas y murieron entre 40.000 y 300.000 civiles.

436. **Durante esas seis semanas se produjeron saqueos, violaciones, incendios provocados y asesinatos.** Algunos japoneses restan importancia al incidente e incluso afirman que nunca tuvo lugar. **Japón aún no se ha disculpado por la masacre,** que es fuente de tensión hasta el día de hoy.

437. **En 1939, los japoneses controlaban la mayoría de las ciudades más grandes de China,** pero no podían avanzar mucho en el campo, donde los miembros **del Partido Comunista Chino utilizaban tácticas de guerrilla para mantener a raya a los japoneses.**

438. **Cuando Japón atacó Pearl Harbor en 1941, Estados Unidos aumentó su ayuda a China.** Los EE. UU. dieron a China alrededor de veinte mil millones de dólares en dinero de hoy, dándoles una oportunidad de luchar contra las fuerzas japonesas.

439. **En 1945, Japón se rindió ante los bombardeos atómicos de Hiroshima y Nagasaki.** China recuperó sus territorios perdidos y se convirtió en miembro permanente del Consejo de Seguridad de la ONU.

440. **Una vez finalizada la Segunda Guerra Mundial,** continuó la guerra civil China, que finalmente ganaron los comunistas.

República Popular China

(1949-Actualidad)

La República Popular China aparece a menudo en las noticias, pero ¿cuánto sabe sobre ella? Estos quince datos interesantes le darán una mejor idea de la RPC en general; en las próximas secciones se analiza un poco su historia.

441. **La República Popular China se fundó en 1949 y es el segundo país más poblado del mundo después de la India,** con más de 1.400 millones de habitantes.

442. **En la actualidad, China tiene veintitrés provincias, cinco regiones autónomas, cuatro municipios bajo control directo y dos Regiones Administrativas Especiales** (RAE). Las dos RAE son Hong Kong y Macao.

443. **Pekín es la capital de China.** Es la segunda ciudad más grande de China en términos de población, siendo Shanghai la primera.

444. **El chino mandarín es el idioma oficial utilizado, tanto en China como en Taiwán,** aunque se hablan otros dialectos.

445. Aunque **China es un estado ateo, reconoce cuatro religiones: daoísmo, budismo, islamismo y cristianismo.**

446. **El confucianismo no es considerado una religión por la mayoría,** aunque sus enseñanzas se siguen celebrando en la actualidad.

447. **China cuenta con numerosos lugares declarados Patrimonio de la Humanidad por la UNESCO** que preservan su rico pasado cultural.

448. **El pato pekinés, las albóndigas y los fideos son platos populares en los restaurantes chinos tradicionales.**

449. **China tiene más multimillonarios que cualquier otro país aparte de Estados Unidos.**

450. **Los chinos tienen que ir a la escuela durante al menos nueve años.** Muchos llegan a la universidad.

451. **A partir de 2023, China es el país más popular de Asia** para los estudiantes internacionales que buscan recibir un título de educación superior.

452. **En 2013, China se convirtió en la mayor nación comercial del mundo**. La mayor parte de lo que comercia China es electrónica y ropa.

453. **Los pandas gigantes se han convertido en un símbolo no oficial de China porque sus gobiernos regalaban pandas como forma de establecer relaciones diplomáticas. Los pandas gigantes son originarios de China.** Los pandas que se ven en los zoológicos son prestados por China, por lo que técnicamente pertenecen al gobierno chino.

454. **La moneda china se llama renminbi o moneda del pueblo.** La mayoría de las naciones fuera de China la llaman yuan, que es la unidad básica del renminbi.

455. **China se ha convertido en los últimos años en una** de las mayores economías gracias al auge de su industria manufacturera.

Revolución Cultural

(1966-1976)

La Revolución Cultural de China pretendía preservar el comunismo en el país. Sin embargo, fue criticada por causar angustia a la nación. A continuación, diez datos sobre este periodo para saber qué ocurrió.

456. **La Revolución Cultural en China fue una época de notables cambios** y agitación, que duró de 1966 a 1976. Mao Zedong fue el líder de China durante este tiempo.

457. **Los guardias rojos, que eran organizaciones militares estudiantiles, fueron alentados a destruir los artefactos históricos** y la arquitectura para que la gente no recordara el pasado.

458. **Los guardias rojos registraban los objetos personales** de los acusados de ser traidores o enemigos del comunismo. Los culpables podían sufrir consecuencias mortales.

459. **La expresión artística fue fuertemente censurada durante este periodo**. Libros, películas, música y representaciones teatrales que no promovían los ideales comunistas eran prohibidos o drásticamente alterados antes de ser puestos en circulación pública.

460. **Millones de ciudadanos chinos se marcharon a otros países** debido a la agitación política causada por las duras medidas de la revolución.

461. **Se produjeron numerosas masacres. En la masacre de Guangxi murieron decenas de miles de personas de forma cruel**. Los funcionarios comunistas locales incluso fomentaron el canibalismo. No había hambruna; la gente estaba motivada para hacer esto por razones políticas.

462. **Las personas pertenecientes a las cinco categorías negras eran consideradas enemigas del estado.** Estas categorías eran los terratenientes, los contrarrevolucionarios, los campesinos ricos, los «malos elementos» y las personas pertenecientes a partidos conservadores.

463. **Incluso altos funcionarios del gobierno fueron acusados de traicionar a China. Liu Shaoqi**, que había sido presidente de la RPC de 1959 a 1968, fue acusado de apoyar el capitalismo. Murió en prisión.

464. **Se persiguió a los intelectuales y se cerraron universidades**. Aumentaron las oportunidades para los niños de las zonas rurales, mientras que los de las ciudades, especialmente los pertenecientes a familias más ricas, tuvieron menos oportunidades de progresar.

465. **La Revolución Cultural continuó tras la muerte de Mao y terminó con la detención de la Banda de los Cuatro,** un grupo que ejerció una influencia significativa durante **la Revolución Cultural.**

Reforma y apertura
(1978-Actualidad)

Este capítulo explora **la notable transformación de la sociedad china** desde 1978. Descubra quince datos sorprendentes sobre el impacto de este periodo en la economía y la sociedad china.

466. En 1978 **tuvo lugar el periodo de reforma y apertura**, cuando China comenzó a abrir su economía a otros países.

467. **Este período permitió a la gente comprar más cosas,** abrir negocios y viajar al extranjero por primera vez en muchos años.

468. Desde 1978 **el número de chinos que viven en la pobreza se ha reducido constantemente.**

469. **La inversión extranjera ha crecido significativamente en las últimas décadas,** ayudando a crear puestos de trabajo en las ciudades y zonas rurales de China.

470. **Se permitió a los agricultores vender sus productos directamente en los mercados** en lugar de pasar por los almacenes gestionados por el gobierno, lo que aumentó drásticamente los ingresos.

471. **También se han producido notables mejoras** en la cobertura sanitaria y las oportunidades educativas en China desde que comenzaron las reformas.

472. **En 1979, Deng Xiaoping introdujo el enfoque de un país, dos sistemas,** que permitía a Hong Kong y Macao tener un sistema económico y político diferente al de China.

473. En 1984 **se crearon catorce zonas económicas especiales** en ciudades costeras para fomentar la inversión extranjera. Estas zonas se han desarrollado rápidamente hasta convertirse en algunas de las regiones más prósperas

de China en la actualidad.

474. **Las reformas también incluyeron la creación de sistemas jurídicos más eficaces**, el aumento de la libertad religiosa y la concesión de más libertades personales, como la elección de pareja y de carrera.

475. Como parte de sus esfuerzos de reforma, **China ha firmado acuerdos bilaterales comerciales con otros países,** convirtiéndose en un miembro cada vez más activo de la comunidad internacional.

476. **China es una de las mayores economías mundiales por PIB.** Algunos analistas creen que superará **a Estados Unidos** en aproximadamente una década.

477. **El gobierno chino ha invertido grandes sumas en investigación y desarrollo,** logrando muchos nuevos inventos en tecnología y medicina.

478. **China es el mayor exportador del mundo,** con más de 2 billones de dólares en 2018. Esto solo fue posible con las reformas que comenzaron en 1978.

479. En los últimos años, **China se ha convertido en un actor clave en la tecnología digital, incluida la inteligencia artificial y** *blockchain*, que se consideran herramientas esenciales para el desarrollo económico futuro.

480. **El periodo de reforma y apertura cambió drásticamente la sociedad china** al crear nuevas oportunidades al tiempo que mejoraba el nivel de vida en todo el país.

Protestas de la plaza de Tiananmen
(1989)

Las protestas de 1989 en la plaza de Tiananmen pasaron a la historia como uno de los momentos más emblemáticos de los movimientos democráticos. Estos cinco datos proporcionan información básica sobre lo ocurrido.

481. **El 4 de junio de 1989 se produjo una protesta pacífica en la plaza de Tiananmen de China** para pedir más libertad y democracia.

482. **El gobierno chino envió tropas para disolver la protesta. Lo hicieron violentamente,** dejando miles de muertos y heridos.

483. **Es posible que la historia nunca sepa cuántas personas murieron realmente,** ya que el gobierno chino se niega a hacer públicas las cifras reales. **La cifra oficial es de trescientos muertos,** pero los relatos de testigos presenciales señalan un número mucho más alto.

484. **Las protestas estuvieron influidas en gran medida por la muerte de Hu Yaobang.** Era un político pro-reforma que se vio obligado a dimitir, muriendo poco después a causa de un ataque al corazón.

485. **Una de las imágenes más icónicas del siglo XX tuvo lugar durante las protestas, cuando se captó la imagen de un hombre de pie frente a una línea de tanques.** Se desconoce qué le ocurrió a este hombre.

El ascenso de China
(1990- Actualidad)

Este capítulo explora la notable historia y el desarrollo de China desde 1990 hasta la actualidad. Estos quince hechos proporcionan algunos datos concretos sobre lo lejos que ha llegado China.

486. Según los estándares actuales, **China es uno de los países más modernos del mundo**. Según las estadísticas de 2017, toda su población tiene acceso a la electricidad.

487. De 1979 a 2017, **la economía de China creció a una tasa media del 10 %,** lo que la convierte en una de las economías de más rápido crecimiento de la historia.

488. Desde 1990 **se han producido notables avances en la atención sanitaria.** Las tasas de mortalidad infantil disminuyeron y la esperanza de vida aumentó.

489. Desde 1979, **más de setecientos millones de chinos han salido de la pobreza gracias al crecimiento económico** y a las reformas aplicadas por el gobierno.

490. **China ingresó en la Organización Mundial del Comercio** (OMC) en 2001, lo que abrió sus mercados al comercio internacional, propiciando un aumento de la inversión extranjera y de las oportunidades de crecimiento para las empresas dentro de sus fronteras.

491. **El programa espacial chino logró un hito al poner en órbita al primer chino a bordo de una Shenzhou-5 en 2003.** El país sigue avanzando en la exploración espacial.

492. **China es miembro permanente del Consejo de Seguridad de la ONU.** Esto demuestra una vez más la importancia internacional del país.

493. **La Iniciativa de la Franja y la Ruta** (BRI, por sus siglas en inglés), **lanzada por el presidente Xi Jinping** en 2013, pretende unir a más de 150 países mediante la cooperación en proyectos de infraestructura a gran escala. **China busca asumir un mayor liderazgo** con esta iniciativa.

494. Aunque China ha avanzado mucho, aún queda mucho trabajo por hacer. En los últimos años, China ha sido acusada de violaciones de los derechos humanos, en particular contra los uigures.

495. Además, uno de los mayores problemas a los que se enfrenta la China moderna tiene que ver con la contaminación. En comparación con otros grandes países, aún carece de infraestructuras sostenibles y es el mayor contaminador atmosférico del mundo.

496. En 2021, **China invirtió la cifra récord de 378.000 millones de dólares en proyectos de investigación y desarrollo,** avanzando en su capacidad tecnológica y de innovación.

497. **Los ferrocarriles de alta velocidad atraviesan largas distancias a velocidades récord,** mientras que las autopistas conectan distintas ciudades como nunca antes.

498. **Los ciudadanos chinos tienen un mayor acceso a la tecnología** gracias a la rápida evolución de las capacidades de la red 5G y la infraestructura de Internet.

499. **A medida que la riqueza se ha extendido por China,** las ciudades han experimentado un notable crecimiento, con la aparición de altísimos rascacielos en Shanghái y Pekín.

500. En los últimos treinta años, **el gobierno chino ha dado grandes pasos hacia la mejora de su nivel de vida,** la creación de puestos de trabajo y nuevas oportunidades para las generaciones futuras.

Conclusión

El viaje a través de la historia de China ha sido largo pero fascinante. **Hemos visto surgir y caer grandes dinastías,** períodos de **agitación y revolución,** y épocas de paz y prosperidad. Hemos sido testigos de caudillos, disturbios civiles y **reformas sociales masivas.**

Es probable que el notable ascenso de China en la escena mundial continúe, y sin duda la nación seguirá siendo noticia en las próximas décadas. **China ha avanzado mucho en la mejora de la calidad de vida de sus ciudadanos,** aunque otros países siguen criticando el funcionamiento del gobierno.

Este libro ha ofrecido a los lectores una visión de algunos hechos clave que configuraron la historia de China. Esperamos que algunos de estos hechos sean nuevos para usted y que este libro haya despertado su interés por **el fascinante pasado de China.**

Fuentes y referencias adicionales

1. Gobernantes de la dinastía Zhou». History Today, www.historytoday.com/zhoudynastyrulers/316517, consultado el 26 de octubre de 2020.
2. Estructura social en la antigua China» World History Encyclopedia, https://www.worldhistory.encyclopedia.com/socialstructure/ancient/china/html, Accessed October 26 2020.
3. Editores de la Enciclopedia Británica. «China preimperial». Encyclopedia Britannica, Encyclopedia Britannica, Inc., 24 de junio de 2019, www.britannica.com/topic/pre-imperial-China#ref863156.
4. Smith, Mark J., ed. «Confucio». Ancient History Encyclopedia 05 ago 2012: n pag Web 09 septiembre 2020 https://www.ancienthistoryencyclopedia.
5. La escritura». Ancient China for Kids, The Oriental Institute of the University of Chicago, https://oi.uchicago.edu/research/learn-about-ancient-china/life-ancient-china/writing/.
6. Gannett, Rachel. «Astronomía y matemáticas en la antigua China: Astrolabios y ábacos - Enciclopedia de Historia Antigua». Ancient History Encyclopedia, 28 de julio de 2017, https://www.ancient.eu/article/1082/.
7. Gran muralla china: Construcción y edificación de la Gran Muralla - HISTORIA». HISTORY, A&E Television Networks, 13 de diciembre de 2019, https://www.history.com/topics/great-wall-of-china/great-wall-of-china#:~:text=The%20construction%20and%20repair%20of,by%201025).
8. La China preimperial temprana». The Metropolitan Museum of Art, https://www.metmuseum.org/toah/hd/epc_3/hd_epc_3.htm (consultado el 10 de abril de 2020).
9. La invención del papel». Science Museum, https://www.sciencemuseumgroup.org/articles/the-invention-of-paper/.
10. Sun Tzu y Thomas Cleary (trad.). El arte de la guerra: traducción y comentario de Thomas Cleary / Sun Tzu; prólogo de John Minford; epílogo y notas sobre las fuentes de Roger Ames / Shambhala Classics., Shambhala Publications [distribuidor], 2016.
11. El I Ching o libro de los cambios» The Internet Sacred Text Archive Home Page, sacredtextsarchiveorg/.
12. La producción agrícola en la antigua China: Los grandes inventos». Enciclopedia de Historia Antigua, 27 mar. 2020, www.ancient.eu/article/1401/.
13. Qin Shi Huang: El primer emperador». History, A&E Television Networks, 2020, www.history.com/topics/ancient-history/qin-shi-huang#section_5.
14. La dinastía Han». Enciclopedia de Historia Antigua, 19 feb. 2019, www.ancient.eu/Han_Dynasty/.

15. Kallen, Stuart A. «La dinastía Han». Enciclopedia Británica, https://www.britannica.com/topic/Han-dynasty-Chinese-history. Consultado el 27 de junio de 2020.

16. Lewis, Mark Edward. Los primeros imperios chinos: Qin y Han. Harvard University Press, 2007.

17. La Gran Muralla China | Historia y datos | Britannica» Encyclopedia Britannica, Encyclopedia Britannica Inc., 23 de junio de 2020, www.britannica.com/topic/Great - Wall -of -China.

18. Qian, Sima. Los registros del Grand Historian. Columbia University Press, 1974.

19. Cao, Biography.com Editors. «Cao Cao». Biography. A&E Television Networks, 2018.

20. Biografía de Liu Bei: Liu Bei - Enciclopedia de Historia Antigua https://www.ancienthistoryencyclopediaorg/liu-bei/ (Consultado el 14 de junio de 2020).

21. Dinastía Jin (265-420)». Encyclopedia Britannica; consultado el 20 de junio de 2021; https://www.britannica.com/topic/Jin-dynasty-Chinese-history.

22. La Era de los señores de la guerra», Ancient China, consultado el 8 de junio de 2021, https://www.ancient.eu/Warring_States_Period/.

23. Dieciséis Reinos». Britannica, The Editors of Encyclopedia Britannica, https://www.britannica.com/topic/Sixteen-Kingdoms.

24. Período de las dinastías del norte y del sur (420-589 d. C.)». Ancient History Encyclopedia, Enciclopedia de Historia Antigua, 7 de julio de 2017, www.ancient.eu/Northern_and_Southern_Dynasties/.

25. Turner Jr, William C. «Dinastía Sui (589-618 CE) ». Khan Academy, Khan Academy, khanacademy.org/humanities/world-history/ancient-medieval/sui--tang--song-dynasties-(400ce---1200ce)/v/the--sui-dynasty.

26. Gran Canal (China)». Encyclopedia Britannica, Encyclopedia Britannica, Inc., 23 abr 2021, https://www.britannica.com/topic/Grand-Canal-China#ref406020

27. Dinastía Sui (581-618)». Enciclopedia Británica, https://www.britannica.com/topic/Sui-dynasty. Consultado el 27 de abril de 2021.

28. La dinastía Tang (618-907 EC)». Enciclopedia de Historia Antigua, ancient.eu/Tang_Dynasty/.

29. Las mujeres en la dinastía Tang». Asia Society Museum Education Center for Arts & Culture, asiasocietymuseumedcenterforartscultureedu/womeninthetanddynasty. Consultado el 18 de noviembre de 2020.

30. Shaughnessy, Edward L., ed. Historia de la antigua China de Cambridge: Desde el origen de la civilización hasta el 221 a. C. Cambridge University Press, 1999.

31. Murphey, Rhoads «Eunucos y su poder en la China Ming» University of South Carolina Press, 2009-.www.uscpresseduscuchmceunuch.html>.

32. Periodo de las cinco dinastías y los diez reinos». Ancient History Encyclopedia, ancient.eu/five_dynasties_and_ten_kingdoms/.

33. Dinastía Xia Occidental | Historia China | Britannica». Encyclopedia Britannica, www.britannica.com/place/Western-Xia-dynasty#ref1060483/.

34. Historia de la acupuntura». Healthline Media UK Ltd., 2019, healthline.com/health/history - ofacupuncture.

35. Dinastía Liao». Encyclopedia Britannica, Encyclopedia Britannica, Inc., 15 abr. 2020, www.britannica.com/topic/Liao-Dynasty#ref879107.

36. Ebrey, Patricia Buckley. La historia de China de Cambridge ilustrada (Cambridge Illustrated Histories). Cambridge University Press; 2 edición (30 de agosto de 1999).

37. Dinastía Song». Encyclopedia Britannica, www.britannica.com/topic/Song-dynasty.

38. Gengis Khan y la conquista mongola de China - Asia para educadores - Universidad de Columbia». Consultado el 8 de mayo de 2021. https://afe.easia.columbia.edu/mongols/pop_genghisconquestchinapowerpointless onplan2_.htm

39. Ruta de la seda», National Geographic, https://www.nationalgeographic.org/topics/exploration-and-adventure/silk-road/.

40. Dinastía Yuan». Ancient History Encyclopedia, ancient.eu/yuan_dynasty/.

41. Kublai Khan». Encyclopedia Britannica, www.britannica.com/biography/Kublai-Khan.

42. Los viajes de Marco Polo». The British Library, www.bl.uk/collectionitems/the-travels-of-marco-polo.

43. Dinastía Ming». Encyclopedia Britannica, https://www.britannica.com/topic/Ming-dynasty#ref83635.

44. Dinastía Qing (1644-1911)». Encyclopedia Britannica, Encyclopedia Britannica, Inc., https://www.britannica.com/place/Qing-dynasty.

45. Beasley, William G. «Pueblo manchú» Encyclopedia Britannica, Encyclopedia Britannica, Inc., 8 oct 2012, https://www.britannica.com/topic/Manchu-people#ref630815.

46. Comercio sinoeuropeo». Asian Art Museum, Museo de Arte Asiático de San Francisco, http://www.asianartmuseum.org/documents/lessonplan_chinatrade.pdf.

47. Emperador Tongzhi». Encyclopedia Britannica, https://www.britannica.com/biography/Tongzhi-emperor-of-China. Consultado el 7 de abril de 2021

48. Emperatriz Cixi de China». Biography, A&E Television Networks LLC., 29 de octubre de 2016, https://www.biography.com/royalty/empress-cixi-of-china. Consultado el 7 de abril de 2021.

49. La guerra del Opio (1839-1842)». History, www.history.com/topics/opium-wars/.

50. Hanes III, W Travis y Frank Sanello. Las guerras del opio: la adicción de un imperio y la corrupción de otro. Sourcebooks Trade Paperback Edition (1 de octubre de 2002).

51. MacGillivray, Donald. «La restauración Tongzhi (1862-1908)». Encyclopedia Britannica, 16 abr. 2021, www.britannica.com/topic/Tongzhi-restoration.

52. La rebelión de los bóxers». History.com, A&E Television Networks, 2020, www.history.com/topics/19th-century/boxer-rebellion#:~:text=In%20late%201900s%20China,overthrow%20foreigners'ruleinChina.

53. Belenky, Alexander M., y Mark Czarnecki, eds. La revolución China de 1911: Una breve historia con documentos, Bedford St Martin's (2017).

54. Revolución republicana en China», Encyclopedia Britannica Online Academic Edition, consultado el 6 de marzo de 2021 https://www.britannica.com/event/Republican-Revolution#ref495887.

55. Kuomintang». Encyclopedia Britannica, https://www.britannica.com/topic/Kuomintang-Nationalist-Party-of-China#ref302070.

56. Guerra civil China». Encyclopedia Britannica, Encyclopedia Britannica, Inc., 10 mar. 2021, https://www.britannica.com/event/Chinese-civil-War.

57. Chiang Kai Shek y los nacionalistas en China | Asia para educadores | Universidad de Columbia». Consultado el 11 de marzo de 2021 http://afe.easia.columbia.edu/special/china_1900_chiangkaishek.htm.

58. La República Popular China». The World Factbook, Agencia Central de Inteligencia, 2019, www.cia.gov/library/publications/the-world-factbook/geos/ch.html.

59. La Revolución Cultural: Campaña política lanzada por Mao Zedong 1966-1976». La Revolución Cultural: Campaña política lanzada por Mao Zedong 1966-1976 | Britannica, www.britannica.com/event/Cultural-Revolution#ref351884.

60. Protestas en la plaza de Tiananmen». History.com, A&E Television Networks, 2 de noviembre de 2009, www.history.com/topics/tiananmen-square-protests.

Mira otro libro de la serie